고희에 들려주는

아버지의 새벽 편지

고희에 들려주는

아버지의 새벽 편지

권 우 용

[해조음 海潮音]

| 책을 내면서 |

열심히 살아온 마음들이 전해졌으면

어린 시절.

그 시절이 그립습니다. 아스라이 멀지만 꿈속처럼 느껴지는 옛 추억은 아름답습니다. 때로는 그 시절로 돌아가고 싶어집니다. 죽 한 그릇도 먹기 어려웠던 가난이었으니 살아남기 위한 처절한 몸부림은 결사적이라 할 만큼 말로 다 할 수 없는 비참한 상황이었습니다.

하루도 바람 잘 날 없는 어려움 속이었지만 아버지와 어머니의 희생과 사랑이 있었습니다. 똘똘 뭉쳐 서로 돕던 일곱 형제간의 우애도 있었습니다. 이웃 친지간의 순박하고 아름답던 인정도 있었습니다. 그 하나하나가 즐거운 추억이자 아름다운 사연이 아닐 수 없습니다.

그러나 배고픔과 추위, 남루한 차림과 초췌한 모습의 그 옛날은 차라리 감추고 싶은 치부와 같습니다. 쉽게 들추어내어 이야기하고 싶지도 않습니다. 모두 잊고 다시는 생각도 하기 싫은 사연이고 슬픔들이지만 어린 시절의 그 추억과 아픔은 내 인생을 살아오는데 크나큰 교훈과 위로를 주고 있습니다.

가난을 이기기 위해서는 그 시절을 거울삼아 더 노력하고 더 열심히 살아야 한다는 값진 교훈을 얻었습니다. 그 때는 춥고 배고팠는데 이제는 이 풍요로운 세상에 집 하나 지니고 걱정 없이 살고 있다는 것이 얼마나 다행하고 즐거운 일인가 하며 만족하고 감사하기도 합니다.

아버지, 어머니가 가난하였으니 나도 별 수 없이 태어날 때부터 가난한 아이였습니다. 온갖 어려움, 갖은 수모, 가슴 아픈 차별에 눈물도 흘렸습니다.

나의 생활은 온통 땀과 진흙 투성이였습니다. 때로는 비굴해질 수도 있었고 좌절하고 포기할 수밖에 없는 경우도 여러 번 있었습니다. 탈선하고 자폭하고픈 순간도 있었습니다.

그러나 결코 쉬운 방법으로 세상을 살려하지 않았습니다. 양심을 팔아 거짓이나 술수로 가난을 벗어나려 하지도 않았습니다. 자립과 독립으로 갈 수 있는 길도 배신이나 변절로 비춰질까봐 선뜻 나서지 못하는 바보스러움도 있었습니다. 정직이나 성실 같은 것은 적당히 버리고 요령껏 살아야 한다는 어떤 유혹의 손짓에도 흔들리지 않았습니다.

항상 아버지와 어머니께서 깨우쳐 주신대로, 선생님께서 가르쳐 주신대로 '고운 마음 바른 양심 이것이 내 인생이다' 하면서 착하게 열심히 살았습니다. 아무리 어려워도 그 결심과 그 마음만은 변하지 않았고 참고 견디면 마음의 평화가 오려니 했습니다.

아이들 키우면서도 들려주는 말이라고는 '공부해라 학교가거라 열심히 노력하고 착하게 살아라' 이것 뿐이었습니다. 생활은 어려웠지만 어느 누구처럼 어린 것들 등 떠밀어 공장이나 장터 바닥으로 내몰지 않았고, 모든 짐은 엄마 아빠가 질 터이니 너희는 공부만 해라 착하게만 자라라 하면서 40년을 그렇게 살았습니다.

지금 생각해 보면 바보스러울만큼 정직하고 성실하게 몸과 마음 낮추고 한마디 불평도 없이 조그만 자리에서 일편단심 봉직했다는 것, 나 자신도 놀라울 뿐입니다. 성공하기 위해서도 아니고 잘 살기 위해서도 아니고, 오직 죽지 않으려고 아이들 키우고 공부시키려는 그 집념 하나 때문에 그 긴 세월을 소처럼 묵묵히 살아왔나 봅니다.

아내와 나의 피나는 노력은 세상 사람들이 목표하는 출세나 성공을 위한 것과는 다른 것입니다. 결코 인간으로서 실패하지 않아야겠다는, 쓰러지지 않아야겠다는 피 말리는 싸움이었음을 이제 알게 됩니다. 눈물도 있었고 좌절도 있었지만 참고 견디며 살아보니 그래도 인생은 살만한 가치가 있는 것이고, 그래서 더 열심히 살아야 하는 업보이고 의무였다는 걸 느끼게 합니다.

착하게 열심히 살면 기쁨도 있고 즐거움도 있어 마음의 평화와 소박한 행복이 꼭 온다는 인생의 진리를 깨우친 것만 해도 크나큰 수확이 아니겠습니까?

가난은 죄가 아닙니다. 허물일 수도 없습니다. 가난은 두려워할 것이 아닙니다. 열심히 살면 극복할 수 있습니다. 착하게 살면 즐거울 수도 있습니다. 가난이 지겨워 던져 버리려 해도, 가난이 아니꼬와 억지로 도망치려 해도 좀처럼 벗어날 수 없는 가난을, 그림자처럼 함께 갈 수밖에 없는 가난을, 차라리 어깨동무라도 하고 즐기며 살아가는 지혜를 얻어야 합니다.

이제 곧 어둠이 닥칠 황혼을 맞으며 그 동안의 삶을 정리해 보려 합니다. 어린 시절의 비참했던 이야기는 숨겨두고 우선 어렵게 아내를 맞아 가정을 이룬 사연부터 적어보려 합니다. 별로 배운 것이 없으니 잘 쓴 글은 아닙니다. 괜히 망설여지고 부끄러워지는 것이 솔직한 심정입니다. 열심히 살려한 노력들이, 착하게 살아온 마음들이 조금이라도 전해졌으면 하는 희망입니다. 적어도 나의 아들 딸만이라도 아버지의 글이니까 읽어 주려니, 무엇인가 본 받고 배우지 않을까 하는 바람 뿐입니다.

하나 밝혀둘 것은 정말 인생을 달관하고 관조하면서 내 인생의 진짜 자서전 〈바보같은 나의 인생 - 그 추억과 교훈〉을 쓸 계획입니다. 자립하지 못했고 성공하지 못했지만 실패하지 않는데 성공한 착한 인간의 삶과 애환을 살아온 그대로 숨김없이 쓸 것을 다짐합니다.

이 지면을 통해 쓰러지고 주저 앉으려 할 때마다 손잡아 끌며 격려하고 질타해 준 곱고 착하고 꿋꿋한 내 인생의 동반자인 아내 '壽'에게 뜨거운 사랑과 감사를 보냅니다. 착하게 자라 사회 역군으로 일하고 있는 아들 딸과 며느리 사위에게도 분발하라는 격려와 성원을 보내며, 자라나는 나의 꿈나무 윤, 현, 진, 훈, 진우에게도 뜨거운 박수를 보냅니다.

끝으로 부끄러워 망설여지던 어지러운 글 정리해서 좋은 책으로 만들어 주신 해조음 출판사 이철순 사장님과 수고해 주신 여러분께도 감사를 드립니다.

2007년 1월

내 나이 일흔에 새해를 맞으며

권용

남강에서 꽃 피운 진솔한 삶의 이야기

며칠 전 해조음 출판사에서 진주에서 올라오신 한 노신사분을 만났다. 그의 손에는 원고 뭉치가 쥐어져 있었고 나에게 추천의 글을 부탁했다. 그 원고는 〈고희에 들려주는 아버지의 새벽 편지〉였다.

진주에서 오신 이 원고의 주인공이 권우용 님이시고 일찌기 대구 대건고등학교를 졸업하고 진주로 내려가 40여 년간을 농약 관계일에 종사하신 참 성실한 보통 사람이었다. 공자님이 보시면 홀딱 반할 '성실' 그 자체의 노신사였다.

나는 그날 저녁 원고 뭉치를 들고 집에 와서는 이틀 동안 꼬박 읽었다. 첫 장의 가슴 아픈 사연들을 읽으면서 오랜만에 눈물을 흘렸다. 나의 가난하고 어렵게 살았던 과거와 겹쳐져 울지 않을 수 없었던 것이리라. 오랫만에 읽은 진솔한 삶의 이야기라 감동하지 않는다면 오히려 비정상일 것이다.

첫 장 '가슴 아픈 추억들' 은 권우용 님의 가슴 아팠던 가난하고 어렵게 살았던 어린 시절의 삶의 이야기라면, 둘째 장 '욕심 하나 버렸더니' 는 그의 성실한 일대기를 진솔하게 그려낸 것이다. 그가 대구에서 진주로 내려 간 다음 한 업종에 종사하면서 결혼하여 가정을 이룩하고, 평범한 삶의 가치관이 흔들림 없이 나타난 참으로 좋은 글들이다.

셋째 장 '나는 왜 즐거운가'는 그의 행복론이다. 나는 젊은 날 아랑의 '행복론', 럿셀의 '행복론', 톨스토이의 '인생론' 등을 읽었지만 권우용 님의 행복론 같이 감동을 받았던가 하는 의문이 갈 정도로 진솔하게 기술하였다.

〈고희에 들려주는 아버지의 새벽 편지〉를 처음에는 눈물로 읽었다가 '나는 왜 즐거운가' 12편의 글을 읽고는 웃으면서 끝마무리 하였다.

참 된 글이란 이런 것이다. 자신의 체험을 조금도 과장됨이 없이 솔직하게 표현하면 독자가 감동을 받는 것이다. 내가 젊은 날에 읽었던 간디의 자서전을 지금까지도 대단하게 기억하고 있는 것은 그가 너무나 솔직하게 가식없이 썼기 때문이었다.

권우용 님도 만약 간디처럼 자서전을 남긴다면 간디 못지 않은 감동을 독자에게 줄 것이다. 현재 자서전 〈바보 같은 나의 인생-그 추억과 교훈〉을 집필 중이라고 하는데 또 어떤 진솔한 내용을 담을 지 자못 궁금하다. 자서전을 읽게 될 그 날이 기다려진다.

권우용 님의 고희를 맞아 첫 선을 보인 〈고희에 들려주는 아버지의 새벽 편지〉의 출간을 박수로써 환영하며, 고희를 넘어 좋은 문우(文友) 한 분을 사귀게 된 것을 진심으로 기쁘게 생각한다. 정해년 새 아침에 일독을 권해마지 않는다.

건강과 건필을 빈다.

김 원 중 (시인, 수필가, 문학박사, 한국문인협회 전 부이사장 겸 포항공대 교수)

| 차 례 |

2 욕심 하나 버렸더니

3 나는 왜 즐거운가

1

가슴 아픈 추억들

나는 소년 시절에 미천했기에 능히 온갖 천한 일을 많이 했다.
– 공자

술 지게미

숨겨온 슬픈 추억 하나.

중학교 3학년 때라고 기억하고 있다. 아침에 일어나니 배가 고팠다. 전날 저녁 강냉이 죽 반 그릇을 먹고 잤으니 두 다리에 힘이 빠질 만도 했다. 학교는 가야하는데 비실비실 어지럽기까지 했다. 새벽에 뛰어나간 어머니는 술 지게미 한 바가지를 가져 오셨다. 양조장 청소를 해 주고 얻어 오셨을 거다. 사카린 좀 넣고 따뜻이 데워서 한 그릇을 주셨다.

"어서 먹고 학교 가거라. 늦을라……."

약간의 술 냄새가 났지만 우선은 배를 채워야 했다.

"와 늦었노 카면 밥 때문에 늦었다 캐라."

어머니께서 등 떠미시는대로 학교로 달렸다.

이미 수업은 시작되고 있었다. 죄인처럼 문을 열고 교실에 들어섰는데 무섭기로 유명한 생물 선생님이 노려보고 계셨다.

땀범벅의 빠알간 얼굴로 조금 취해 비틀거리며 술 냄새도 났을 테니 그 몰골이 어떠했겠나.

"임마가… 반 시간이나 늦어?"

"……"

선생님은 요리조리 살펴보며 가까이 오셨다.

"앗, 이거 술 냄새 아이가!"

아침부터 술 냄새라니 선생님은 정말 깜짝 놀라시는 표정이었다.

"이 자식이 정신이 있나? 아침부터 술 먹고 학교 오는 놈도 다 있나?"

선생님은 내 입에다 코를 대어보고 얼굴을 찡그리셨다.

"이런 놈이 어딨노! 이 놈 좀 맞아 봐라!"

철썩-, 순간 뺨이 따가웠다. 연이어 이 쪽 뺨 저 쪽 뺨에 철썩 철썩 소리가 났다. 열 다섯 번 정도를 맞았을 때 나는 나도 모르게 울고 있었다. 너무 아프고 슬퍼서 나는 울고 있었다.

"이건 말도 안 돼! 이 놈은 정학깜이다. 책가방 들고 꿇어 앉아!"

눈물을 닦고 꿇어 앉았지만 닭똥만한 눈물이 계속 흘렀다. 어린 생각에도 슬프고 비참하고 부끄러웠다. 참으려 해도 참을 수 없어 두 어깨를 들썩이며 엉엉 소리내어 울었다.

"이 놈이, 뭐 잘 했다고 우노! 시끄럽다!"

선생님은 책으로 머리를 때리려고 다가 오셨다.

"선생님!"

누군가 선생님을 불렀다.

"응?"

선생님의 손이 공중에서 멎었다.

"선생님! 사실은 술을 먹은 게 아니고 아침에 밥이 없어 술 찌꺼기를 먹고 와서 그렇심더."

"뭐? 술 찌꺼기? 그거 돼지들 먹는 거 아이가?"

"먹을 게 없으니 그거라도 먹고 오는 깁니더."

"…… 아!"

신음 소리가 들렸다. 선생님의 손발이 얼어붙었다. 머리를 숙이고 손으로 얼굴을 감싼 채 뒤돌아서서 한참을 계셨는데 선생님의 어깨가 들썩였다. 울고 계셨다. 안경을 벗어 든 채 선생님도 울고 계셨다.

"일어 나거라. 내가 잘못했다."

선생님이 날 안 듯이 일으켜 주셨다.

"왜 말을 안 했노. 나는 그것도 모르고…… 내가 잘못했다. 내가 잘못했다."

한참을 우리는 같이 울었다. 나는 선생님 품에 안겨 한참을 울었고 오십 여 명 급우 중 몇 몇은 킥킥거리며 웃었지만 동무들 모두 울고 있었다.

그 날 이후 나는 냉수는 마셔도 술 지게미는 먹지 않았다. 나 말고도 여러 명 비슷한 아이들이 있어서 교직원 회의에서도 거론되었다.

가난! 모두가 가난 때문이었다. 가난, 그래 가난. 하지만 가난은 결코 죄가 아니다. 세상 사람들은 죄인 다루 듯 하지만 절대 죄일 수는 없다. 초라하고 창백하고 남루하고 불편할 뿐 결코 슬퍼할 일도 아니다.

괜스레 비굴해 지거나 주눅들 일도 아니다. 춥고 배고프다고 다 죄인인가? 못 배워 궂은 일 한다고 죄인인가? 아버지 어머니가 가난했으니 별 수 없이 가난한 아이였을 뿐이다. 궁핍하고 어려운 생활, 배고픔과 추위를 겪어 본 사람은 안다. 눈물 젖은 빵을 먹어 본 사람만이 밥 한 그릇의 고마움을 안다.

지금 생각해 보면 그 고통과 아픔을 참고 살았기에 오늘의 내가 있는 것이다. 쓰러지지 않고 굽히지 않고 극복해 왔기에 오늘의 아이들이 있고 손자 손녀 꿈나무들의 해맑은 웃음이 있는 것이다.

자식 사랑하지 않는 부모가 어디 있으랴만 그래도 가난은 아이들 성장과 교육에 치명적일 수 있다. 탈선도 있을 수 있고, 끼니 걱정에 뒷골목 어두운 생활이나 시장 바닥 노동판을 서성이는 모습으로 평생 살 수도 있다. 그래서 가난을 이기려는 부모의 노력과 희생이 필요한 것이고 살을 깎는 집념과 분발이 필요한 것이다.

그 추위 그 배고픔 속에서도 어머니께서는 절대 얻어 먹지 말고 도둑질하지 말라 하셨다. 밤낮 거짓말하지 말고 착하게 살라는 말씀 뿐이셨다. 사람 대접 받으려면 배워야 하고 하찮은 일이라도 열심히 하라 하셨다. 타이르고 깨우치고 매질하시던 어머니 말씀에는 사랑과 교훈이 있었다. 쓰러질 듯한 우리들 하꼬방에는 그래도 꿈이 있고 희망이 있었다.

유산처럼 물려받은 가난을 던져 버리려 해도 결코 버려지는 것은 아니다. 그렇지만 처절한 생존 경쟁의 진흙탕에서 비참하고 처절한 삶을 살아온 우리 칠십 대는 그 가난이 아름다운 추억이고 그리움이다. 어쩌면 혼자 숨겨둔 귀중한 자산처럼 가슴 속에 묻어두고 싶기도 하다.

그런데 이 풍요로운 세상 신나는 문명을 만나 모두가 가난을 모르고 산다. 모두들 부자로 살고 좋은 옷과 음식 높은 집에 산다. 헐벗고 배고픈 사람을 보면 죄인처럼 비켜 간다. 그들의 존재 자체를 무시하기도 하고 잊을 때도 있다. 나 자신도 가난하게 살았으면서도 가난 자체를 모르는 체 못 본 체 한다.

나는 아이들에게 타일러 준다. 가난하게 살지는 말아도 가난을 잊지는 말라고. 가난은 어디에나 있는 것, 모른 체 말고 못 본 체 말고 따뜻한 시선으로 바라보라고. 누리고 있는 행복, 현재의 삶 모두를 감사하며 살라고. 부질없는 탐욕 때문에 가지고도 못 가진 가난한 사람이 되지 않도록 사랑과 온정이 가슴 가득한 사람으로 살아라고 일러 준다.

가난은 죄가 아니다. 그저 남루하고 불편할 뿐이다. 행여 풍요와 행복 속에서 살고 있는 것을 감사하지 않고, 더 욕심 내고 더 모으려고 발버둥치며 달려가고 있는 우리들은 많이 가지고도 가슴이 헐벗은 거지꼴이 아닌가 반성할 일이다. 평생을 어느 누구에게 따뜻한 마음 한 번 주지 못한 가난한 마음으로 살아온 나의 인생, 어쩌면 나는 평생 거지인 지도 모른다.

회초리

회초리. 어머니의 회초리가 문득 생각난다.

일곱 살 때이던가. 까마득한 어린 시절, 그 놈의 눈깔사탕의 달콤한 유혹에 빠져 어머니 주머니에서 종이 돈 한 장 몰래 끄집어내어 쓴 것이 내 인생의 첫 범죄였다.

나의 서투른 연기는 금방 들통이 났고 어머니께서는 회초리를 가져오라 하셨다. 훔치는 것은 가장 나쁜 범죄라면서 도둑놈이 되지 않게 하기 위해, 두 번 다시 이런 일이 없도록 회초리를 치겠다고 하셨다. 두 손 싹싹 비비면서 용서를 빌었지만 어머니의 결의는 단호했다. 힘껏 내려치는 회초리에 종아리는 찢어지는 듯 아팠고, 동네가 떠나갈 듯 울부짖던 기억이 지금도 새롭다.

그 날 밤 꿈결에서도 흐느끼는 나의 두 발을 조심스레 쓰다듬으며 약을 바르고 안쓰러워 하시던 어머니의 모습이 기억에 생생하게 남아 있다. 주저 앉으면 다시 일으켜 세우고 매달려도 다시 내려치시던 그 기백 있는 모습과 혼자 흘리시던 그 눈물, 그 사랑, 그 모정을 나는 지금도 가슴 가득한 행복으로 간직하고 있다.

내 평생 절대 남의 것 욕심 내지 않고 남의 것 탐내려는 마음일랑 아예 갖지도 않았던 것, 그 모두가 그 때 어머니의 그 교훈, 그 회초리의 따끔한 가르침 때문이라 지금도 생각하고 있다. 회초리

열 대가 인격 형성이나 인생 항로에 얼마나 큰 영향을 줄 수 있나 하고 지금도 곰곰이 내 인생 역정을 생각해 보기도 한다.

나는 교육을 위해 어린 아이들의 나쁜 버릇, 나태한 성격, 방종과 무책임을 깨우치기 위해서는 회초리가 필수적임을 강조하고 싶다. 아이를 사랑하거든 매를 한 대 더 치고, 미운 아이에게는 떡 하나 더 주라 하지 않았던가.

나는 국민학교 4학년에 편입하고 나서 무던히도 많은 회초리를 맞았다. 일본에서 1학년 한 학기도 못 마치고 해방으로 귀국해서, 3년 동안 시골에서 딱지치기만 즐기다가 뒤늦게 4학년에 들어 갔으니 공부가 뒤쳐지는 것도 당연한 일이었다.

국어 같은 과목은 억지로라도 따라 했는데 문제는 그 놈의 산수였다. 특히 산수시간에는 여차하면 불려나가 손바닥 맞고 종아리 맞고 하루가 편할 날이 없었다. 문제를 못 풀었거나 숙제를 안 했을 때는 응당 매 맞을 각오를 했다. 결코 선생님을 원망하거나 변명할 궁리를 안 했으며 꿋꿋하게 버티고 서서 사나이답게 매 맞던 기억도 난다.

고등학교 졸업하는 순간까지 그 놈의 산수 때문에 무수한 회초리를 맞았고 말 못 할 수모도 겪었다. 숫자를 다루는 산수가 그 모양이었으니, 어쩌면 오늘날 내가 어렵게 살아가는 것도 다 나에게 원초적인 원인이 있는 것이다 하면서 자학하 듯 나 혼자 웃기도 하는 것이다.

지금 생각하면 부끄럽고 가슴 아픈 추억이지만 괜히 자꾸만 그리운 생각도 든다. 지금도 술자리에서 학창 시절이 화제에 오르면 자랑스레 그 때 맞았던 회초리 이야기를 곧잘 꺼내는 걸 보면 그 회초리가 오히려 그리운 추억, 고마운 교훈으로 내 가슴에 남아 있는 것 같다. 더 열심히 공부하라고 때리시던 회초리, 착한 사람 되라고 사랑으로 내려치시던 어머니의 그 회초리를 나는 지금도 잊지 못하고 있는 것이다.

남자라면 누구나 기억하겠지만 군대 시절의 빠따는 빼 놓을 수 없는 것이다. 군대 생활에서의 기합 이야기는 무수히 들어 왔었다. 막상 공군에 입대하고 보니 정신이 번쩍 들 정도였다.

신병훈련소 시절에는 '엎드려 뻗쳐' 나 '선착순 구보' 를 시켰는데, 그 어렵고 힘겹던 순간들은 생각하기조차 싫다. 점호나 집합 때 동작이 느리면 무조건 운동장 한 바퀴 구보, 그것도 뒤쳐진 놈들 반 잘라 다시 한 바퀴, 또 끝 순서 열 명은 다시 한 바퀴, 그 중 또 꼴찌 다섯은 다시 한 바퀴, 결국은 네 바퀴를 돌고도 꼴찌를 못 면했으니 그 고통이 오직 했겠나. 자연히 느리고 멍텅해서는 절대 손해라는 귀한 교훈을 얻게 되었다. 모든 행동은 신속 정확해야 한다는 요령을 터득하고 체질화 해 가면서 공군 졸병으로서의 모습을 갖추어 가고 있었다.

특기 교육을 마치고 강원도 강릉으로 배속 받았다. 내무반 열 곳 정도를 다니면서 전입신고를 했는데 환영한다는 말들은 하지만 어딘가 음흉하고 차가운 눈초리가 심상치 않다고 느꼈다. 아니나 다를까 첫 날 밤부터 집합이었다. 빠따 몇 개 뽑아 물통에 담궈놓고 원산폭격 엎드려 뻗쳐시킨 상태에서 정신 상태가 썩었고, 군기가 엉망이며, 선배를 뭘로 보고 건방지다는 둥 별의 별 이유를 만들어서 갖다 붙여 환영 인사로 다섯 대씩 빠따를 치는데 엉덩이가 부서지는 듯 심한 고통과 아픔을 겪었다. 밤 늦게 침대에 누워 어머니를 생각하며 소리없이 울었지만 이것도 열심히 공부하지 않고 나태하게 자란 내 탓이려니, 내 운명이려니 하면서 이겨내고 참아 나가야 한다고 다짐하곤 했었다.

내무반에서 제일 말단 이등병 졸병 생활은 고달팠다. 새벽에 제일 먼저 일어나 난롯불 살리고 세숫물 데우고 청소하고 눈 치우고 밤에는 제일 늦게 졸린 눈 부릅뜨고 선배들 심부름 다하고 문단속, 불단속, 삼십 명 선배들의 뒤치다꺼리를 다 마쳐야 했다.

사역 집합 같은 것은 눈바람 속에 한두 시간씩 손발 꽁꽁 어는 무서운 작업이었다. 매서운 북풍 속에 불침번 서면서 어머니의 얼굴인 양 달님을 쳐다보다가 흘린 눈물이 얼어붙어 고드름이 되었으니 그 외로움, 그 그리움이 어떠했겠나. 밤마다 한 달 기수 선후배 따지면서 줄내림 기합이 없는 날 없었으니 졸병 생활 하루하루가 가시밭길이었다.

한 달이 지나고 두 달이 되자 몇 명씩 후배들이 들어왔지만 함께 고생하는 처지를 생각해서 나는 맞았어도 후배들을 칠 수가 없었다. 나만 빠따 맞고 후배들에게는 즉시 해산을 명했다가 항명이란 억지 누명을 얻어 무자비한 폭행을 당하고 울분을 토하며 울던 기억도 되살아난다.

나는 항상 빠따를 당당하게 맞았다. 한 번도 울부짖으며 피하려 하지 않았다. 무서워 울면서 피하다 뼈를 상했다는 이야기를 들었기도 했지만 나는 처음부터 당당하게 맞았다. 절대 비굴하게 굴지 말자는 생각에 두 주먹 불끈 쥐고 이 악물고 두 눈 감고 호흡도 중지하고 하나 둘 셋 하고 외치면서 온 몸에 힘을 준 채로 매를 맞았다. 무자비한 폭력, 아픔과 억울함에 찔끔거리기도 했지만 결코 벌벌 떨며 울부짖지는 않았다. 이것도 바보처럼 살아온 내 탓이다, 내가 겪어야 할 시련이고 내가 극복해야 할 인생이다, 사회에 나가면 더 열심히 살아야 하기에 이 정도는 참고 이겨낼 수 있다는 생각으로 마음에 다짐하고 결의를 다지곤 했다.

지금 회상해 보면 그 때 빠따 맞으면서 품은 결의와 그 눈물 같은 것이 인생살이 어렵고 주저앉고 싶을 때 힘이 되고 추억이 되었다. 그 때도 참고 견뎠는데 이까짓 시련 이걸 못 참아 하는 마음에 힘과 용기를 얻어 용하게 생존경쟁 험한 세태를 헤쳐 온 것 같다.

제대하고 사회인이 되었을 때 이제는 정말 회초리, 빠따 없는 삶을 살려니 했다. 그러나 치열한 싸움터 같은 사회 생활은 회초리나 빠따보다 더 무서운 매질이 기다리고 있었다. 가진 사람, 배운 사람, 높은 사람, 잘난 사람, 힘센 사람들의 차별, 천대, 멸시, 조소, 비하, 욕설 같은 것이 회초리가 되고 빠따가 되었다. 아니 그보다 더 아픈 송곳이 되어 가슴을 찌르기도 하고 때로는 비수 같은 칼날이 되어 순백한 우리 영혼을 난도질 하며 실망, 분노, 좌절에 울게 하며 엄청난 상처를 남겨 주고 있다.

못 가지고 못 배운 서러운 백성들, 마음씨 곱고 착한 서민들은 정신적인 학대, 경제적인 차별, 인간적인 모멸감 등 피할 수 없는 폭력 앞에 별 수 없이 노출되어 시달리고 있다. 이는 결국 비애, 울분, 고뇌 등 상처를 남겨주면서 우리 스스로 지고 가야 할 멍에가 되게 하고 있다.

이제 종착역도 멀지 않은 나의 인생이다. 더 맞아야 할 회초리가 또 남았을까. 또 무슨 매질이 날 기다리고 있을까.

나는 어머니의 회초리, 선생님의 매, 군대 생활에서의 빠따를 회상하면서 그 회초리, 빠따가 있었기에 나 자신 세속에 물들지 않고 나름대로 인간답게 살 수 있었고 무엇 하나 남에게 피해 주지 않고 살아올 수 있지 않았나 하고 생각한다.

얼마 전, 참 교육의 산 증인인 퇴직 교장 몇 분과 저녁 식사 자리에서 회초리 이야기가 저절로 나왔다. 수업 시간에 핸드폰 통화하는 걸 훈계하는 선생님의 따귀를 갈긴 학생이 있었다는 보도가 화제의 촛점이었다. 선생님들의 설명으로는 회초리가 무조건 비교육적이고 반 민주적인 폭력 행위나 체벌의 유물로 인식되고 있기 때문에 자기 자식만 귀한 줄 아는 학부형들의 분별없는 모정과 항의가 있는 한 별 방법이 없다는 것이다.

이런 상황이니 현직에 충실한 선생님들 대부분은 그저 보고만 있겠다는 게 중론이라 한다. 선생님들 자신이 가르치고 깨우쳐 주어야 할 본분과 의무를 망각하고 있다고 한참을 강조했지만 쉽게 결론을 내리지 못했다.

나에게 아이들이 있다면 회초리로 쳐 주십사 자청해서 요구하고 싶다. 착한 아이가 되도록 회초리로 때려서라도 바로 잡아 주십시오 하고 '사랑의 매'를 선생님에게 맡겨두고 싶다. 희망하는 부모에게서 학생 이름을 적은 사랑의 회초리를 맡아 두는 방법과 가정 방문이나 서신을 통해 이를 확인해서 선별적으로 부모가 요구하는 학생에게만 매를 치게 하는 방법도 있지 않은가. '선생은 있으되 스승이 없다'는 가슴 아픈 시대에 아이들의 인성 교육을 포기한 듯한 교육 당국의 안일한 태도가 원망스럽기도 하다.

이제 산전수전 다 겪고, 어르신 소리를 듣는 나이에 썩어가는 세상 가슴 아파하고, 탈선하는 청소년들의 내일을 애달파 하며 재물과 쾌락에만 집착하는 서글픈 세태에 분노하면서 나 자신 회초리를 한 번 들어 볼까 하고 엉뚱한 생각을 해보기도 한다.

나는 이 순간 회초리와 어머니의 눈물, 오히려 당신의 종아리를 치라 하시며 비행 학생의 통곡 같은 참회를 안겨주던 선생님이 그립다. 그리고 사랑도 없고 교훈도 없이 폭력이고 폭행이던 그 빠따를 생각하면서 회초리에는 정녕 사랑이 있어야 하고 훈계와 수범이 있어야 한다고 믿는다.

회초리를 드는 사람은 결코 자만하거나 과시해서는 안 된다. 더구나 감정적 폭력이 되어서는 안 된다. 깨우침과 교훈을 주어야 하고 새로운 결의와 결심을 하도록 설득해야 한다. 회초리는 나태와 거짓을 깨우치는 각성제가 되어야 한다. 새로운 결심과 맹세를 잉태케 하는 '사랑의 매' 가 되어야 한다.

사 랑

SOO는 아내 '수자'를 부르는 애칭이고, WOO는 나 '우용'의 약칭이다. 그래서 아내와 나를 말할 때는 즐겨 SOO와 WOO라고 쓰고 있다.

내가 SOO를 아내로 맞은 것은 분명 내 인생 최고의 행운이었다고 고백한 적이 있다. 어질고 착한 아내를 맞은 것이 얼마나 바람직했었느냐 하는 것도 어느 글에선가 썼다. 지금 생각해보면 사랑한다는 말 한마디 없이 살아온 40년은 분명 기나긴 세월이었다.

지금은 황혼기에 접어들어 백발이 되었지만 살아온 인생을 회고해보면 눈물과 고생, 좌절도 많았다. 그 어려움 속에서도 아내가 있었기에 기쁨과 즐거움이 항상 함께 했었음을 알 수 있다. 가난의 굴레를 벗어나려 하루하루를 바쁘게 살아왔으니 사랑한다는 사치스런 수사나 애교 같은 것도 필요치 않았다. 이제 까마득한 그 옛날 추억을 더듬어 우리들의 만남, 시작, 역사를 회상해 봐야겠다.

SOO와 WOO의 엄마 끼리는 마음이 통하는 계원이었다. 우연히 아들 딸 이야기가 나왔고 서로 의기투합하여 기분이 맞아 맞선을 권유하기로 약속하게 되었다.

맞선 장소는 대구 동인로타리 백광다방. 가난과 고생에 찌든 얼굴, 초라하고 궁색한 차림, 어느 것 하나 마음에 드는 것이 없었다고 SOO는 기억하고 있다. WOO의 회상은 키가 좀 작다는 생각뿐, 머리를 숙였으니 처녀 얼굴도 못 본 것으로 기억한다. 10분 정도 앉았다 헤어졌고 WOO는 "어머니 좋을대로 하십시오" 하고 진주로 돌아와 버렸다.

그날 밤 SOO의 집에서는 격론이 벌어졌다. 재력도 없고 기술도 없는 조그만 농약사의 점원이라면 무슨 장래 희망이 있겠느냐고 반대한 것은 오빠의 주장이었고, 지금은 어려워도 성실하고 착한 인간성이 좋다는 장모 될 어머니의 의견이 맞섰다.

최종 결론은 SOO의 몫이었지만 밤잠을 설쳐도 쉽지 않은 선택이었다. 결국 SOO는 어머니의 결정에 따르겠다고 했는데 며칠 밤을 골똘히 생각하던 장모님의 결심이 섰고, 일생 일대의 모험을 해보자 하시더란다.

"그 부모를 보면 그 자식을 알 수 있다. 그 인정 많고 자상한 어머니의 아들이라면, 남달리 착하고 성실한 것만은 틀림없을 거야. 튼튼하고 성실하면 되었지 가난이나 재산이 무슨 문제가 되겠니. 힘을 모아 노력하면 재물이란 금방 모을 수 있을 거야."

장모님의 결심과 결론은 단호하고 확고한 것이었다. 사주를 주고 받고 택일을 하고 결혼 준비가 시작되었다. 신랑 될 사람이 멀리 진주에 있으니 얼굴이 어떻게 생겼고 성격은 또 어떤 사람인 지 SOO나 WOO 두 사람 모두가 궁금하고 초조하고 불안하긴 마찬가지였다.

결혼 날짜는 하루하루 다가오는데 후회스런 마음까지 들면서 심란한 감정을 주체하지 못한 것도 당연한 일이었다. SOO의 잠 못 이루는 밤은 계속되고 혹시나 잘못 되는 것이 아닐까 하며 어두운 그림자 드리우 듯 집안 분위기는 착 가라 앉아버렸다. WOO도 비슷한 심정이었지만, 모든 걸 운명으로 받아들이자 한결 가벼워진 마음으로 담담할 수 있었다. 그런데 SOO가 얼마나 불안에 괴로워할까 하는 생각에 이르자 마음이 편치 않았다. 그래서 상황에 딱 들어맞는 시 한 편이 떠올라 정성스레 써 보낸 것이 장만영 시인의 '사랑' 이란 시였다. WOO의 마음을 전하기 위해 서울을 '진주' 로 고치고, 순을 '수(壽)' 로 고쳐 썼다.

진주 어느 뒷 골목
번지 없는 주소엔들 어떠랴
조그만 방이나 하나 얻고
수야, 우리 단 둘이 살자.

숨바꼭질 하던
어릴 적 그 때와 같이
아무도 모르게
꼬옹 꽁 숨어산들 어떠랴.
수야, 우리 단 둘이 살자.

단 한 사람
찾아주는 이 없은들 어떠랴.
낮에는 햇님이
밤에는 달님이
가난한 우리 들창을 비춰 줄게다.
수야, 우리 단 둘이 살자.

깊은 산 바위틈
둥지 속의 산 비둘기처럼
나는 너를 믿고
너는 나를 의지하며
수야, 우리 단 둘이 살자.

언제 읊어도 너무나 아름다운 시다. 가난하지만 착하게 살려는 WOO의 처지, 그 심정을 멋지게 나타내고 표현한 서정성이 너무 좋았다.

그런데 기적 같은 변화가 일어났다. SOO는 그 시 한 편을 읽고 WOO의 마음을 읽어버린 것이다. SOO의 가슴이 탁 트이면서 모든 근심, 걱정, 불안이 싹 사라졌다. 기쁨과 희망이 샘솟기 시작했고, 어두운 그림자도 사라지고 맑고 밝은 기운이 온 집안을 가득 채우기 시작했다.

시 한 편의 힘이 그렇게 클 줄도 몰랐고 이렇게 아름다운 시가 있음도 그 때 처음 알았다. 이런 사람과 함께 한다면 무슨 고생이 있어도, 어떤 역경을 만나도 헤쳐나갈 자신과 결심이 용솟음치게 되었다.

'그래 죽기 아니면 살기로 인생의 밑바닥부터 시작해 보자. 셋방도 무섭지 않고 가난도 두렵지 않다. 열심히 하면 살아가게 되어 있는 것이 인생 아닌가.'

SOO는 결심도 다지고 결의도 새로이 해서 어떤 고생이나 역경도 다 이겨 나가리라 맹세 했다.

1968년 1월 3일, 우리는 대구의 동원예식장에서 결혼했다. 해운대 관광호텔 601호실에서의 첫 날 밤. 샹들리에 불빛 아래 색소폰의 간드러지는 소리가 유혹 했지만, 맥주 한 잔도 마다 하고 나는 방문을 잠궈버렸다. 푸짐한 뷔페 식사도 왠지 싫었고 장모님이 싸준 삶은 달걀로 만족하고 흡족했다.

우리는 두 손 꼬옥 잡고 다짐하고 맹세했다. 어떤 어려움이나 역경이 있어도 자식들 만큼은 대학을 보내자는 우리의 맹세는 그 한 가지 뿐이었다. 대학에 못 간 한 맺힌 심정을 토로하며 SOO의 동의를 받았고, 열심히 살자는 합의도 이루어졌다. 대구 사람이지만 친구들에게 가난하고 궁색한 모습을 보이기 싫어 진주에 숨어 산다는 가슴 아픈 사연에 한동안 숙연해지기도 했다.

그렇게 우리들의 슬프고 눈물 많았던 인생의 그 첫 출발이 시작되었다. 아내를 데리고 진주로 내려 오던 날의 가슴 아픈 추억을 지금도 기억하고 있다.

"권 서방! 택시 두 대면 되는데 형편이 안 되나" 하시던 처숙모님의 말씀이 심장을 찌르는 칼처럼 가슴이 아팠다. 장인, 처삼촌, 신부를 6시간이나 걸리는 완행버스에 태우고 진주로 오면서 더러운 가난 빨리 벗어나야 한다는 결심이 용솟음 쳤다. 어렵게 맞은 아내에게 평생 배신하지 않고 사랑 할 것이라는 맹세가 가슴 속에 똘똘 뭉쳐지고 있었다.

그렇게 해서 어렵고 힘들고 때로는 눈물을 삼켜야 하는 우리들의 슬픈 역사, 가슴 아픈 이야기, 우리들 땀과 노력의 삶이 시작된 것이다. 눈물 섞어 밥 먹어 본 사람이 아니면 모른다. 가진 것 없이 맨 손으로 살아가는 인생이 얼마나 눈물겨운 지 겪어 본 사람이 아니면 모른다.

아이들이 하나 둘 태어났지만, 귀여워 할 시간도 없었고, 재롱을 즐길 사치스런 순간도 내 인생에 없었을 만큼 바쁜 나날을 살았다. 그래도 튼튼하게 구김살 없이 자라주었고, 열심히 공부해서 상장 타고 장학금 타고, 대학 가고 또 아르바이트 하며 모두들 열심이더니 이제는 사회의 역군으로 기여하고 있다. 그 옛날 우리 부부의 맹세도 이루어졌다. 이제는 우리들 인생에 남은 것이라곤 자식들 뿐이구나 하면서 이것이 복이려니, 이런 것이 참 행복이려니 하면서 소박하게 욕심 없이 살아왔다.

내가 가슴 아파 울 때, 함께 울던 아내의 보석 같은 눈물을 나는 기억한다. 용기 잃고 누워 있을 때, 저 새끼를 어찌 하려고 이러느냐며 고함치던 그 목소리를 기억한다. 결코 가난의 유산을, 피땀 흘리는 고통의 생활을 물려주지 않으려 열심히 남부끄럽지 않게 살아온 아내에게 뜨거운 박수를 아니 보낼 수가 없다.

자식들에게도 말해 주고 싶다.

"너희들도 아이들 키우면서 어떤 어려움이나 역경이 닥치더라도 극복하고 정진하는 아버지 어머니로서의 본분과 의무를 깨우쳐야 한다. 엄마 아빠가 오랜 세월동안 꿋꿋이 살아 올 수 있었던 그 힘은 두말 할 필요 없이 사랑이었다."

사랑, 말로 하는 사랑이 아니고 한마디 말은 없었지만 표정으로 눈빛으로 가슴으로 두 손으로 다져지고 뭉쳐진 사랑이 오늘을 있게 한 것이다. 사랑만큼 아름다운 게 어디 있으랴. 또 사랑보다 더 강한 게 어디 있으랴.

아들 딸들아!

엄마 아빠가 서로 사랑한 것처럼 너희들을 정말 사랑한다.

우리들의 작은 집

우리들의 작은 집.

우리 부부의 첫 보금자리는 세 평짜리 셋방이었다. 진주라 천리 길 장대동 계란전 뒷골목, 햇볕도 들지 않는 조그만 셋방이었다. 밥 그릇 두 개, 쌀 한 말, 이부자리 한 채가 전부였다. 너무나 초라하고 가슴 아픈 시작이었기에, 그날의 서러운 추억은 지금도 그대로 간직하고 있다.

혹시 아내가 못 살겠다고 가출이나 하지 않을까 걱정도 했다. 마음만이라도 위해 주어야지 하면서도 표정 읽기에 여념이 없었다. 자연히 아내만을 사랑하고 어떤 경우라도 다른 여자를 곁눈질하지 않으리라는 결심이 자리를 잡았다. 아내도 어려운 형편을 이해해 주면서 열심히 살자는 결심을 해 주었고 가난을 극복하자는 공감대도 이루어졌다.

중노동 같은 업무의 연속으로 육신은 피로했지만 정신적으로 마음만은 평화로웠다. 아내가 함께 노력해 준다는 것이 너무나 고마웠고 큰 힘이 되어 주었다. 믿음과 사랑은 우리를 결속시켜주는 원동력이자 서로를 취하게 하는 묘약이었고 세파에 찌든 우리 영혼의 유일한 위안이고 휴식이었다.

잠들기 전 두 손을 마주잡고 기도처럼 다짐하던 맹세는 아이들의 교육과 조그만 집 장만이었다. 희망도 없는 듯 암담한 생활의 연속이었지만 우리들의 소박한 소망은 등불이 되고 꿈이 되어 아내와 나를 더 열심히 살게 했다. 아이들의 대학 공부와 집 장만에 우리들 인생의 목표가 걸려 있었다.

영희네 아랫방으로 이사를 했다. 역시 세 평짜리 조그만 방이었다. 그 곳에서 첫째 아들 재철이 태어났다. 얼마 후, 신축 건물 4층 옥상으로 옮겼는데 그 곳에서 둘째 아들 재승이와 첫째 딸 혜영이가 태어났다. 두 아들에 딸 하나라니 금방 부자가 된 듯 팔다리에 힘이 솟고 남 부러울 것이 없었다.

세월이 어떻게 흘렀는 지 모를 만큼 바쁜 생활이 계속되어 해가 바뀌고 또 바뀌어 장대동 동사무소 뒷골목 19평짜리 조그마한 집으로 옮겼을 때 아이들은 이미 고등학생, 중학생이 되어 있었다.

생업에 쫓겨 가난과 동무하며 땀 투성이로 살았지만 세월은 물처럼 바람처럼 흘러갔고, 아이들은 어느새 대학생, 고등학생으로 커 갔다.

우리들의 작은 집에는 항상 아이들의 글 읽는 소리, 떠들고 노래하는 소리가 낭랑했다. 학교 가거라, 숙제하라는 아내의 아우성도 활기 찼다. 그 중에서 아이들의 글 읽는 소리가 제일 컸다. 세상에서 가장 행복한 모습은 아이들 입에 밥 들어가는 모습이고, 제일 행복한 소리는 아이들의 글 읽는 소리라 하시던 어머니의 말씀을 나는 지금도 기억하고 있다.

아이들이 크면서 희망이 생겼다. 나는 이름 없이 묻혀 산다 해도 아이들만은 무엇인가 될 것 같은 기분이 들었다. 맹세도 새로워졌고 자신감도 생겼다. 엄마 아빠도 열심히 할 테니 너희는 공부만 열심히 하라는 당부 뿐이었다.

이른 새벽부터 도시락 싸고 뒷바라지 하는 것은 아내의 정성이었다. 밤 늦게 버스 정류장에서 우산 받쳐들고 기다리는 안쓰러움은 아내의 사랑이었다.

자정이 넘도록 감기려는 두 눈 부릅뜨고 책 읽는 모범을 보인 것은 아빠가 할 수 있는 유일한 일이었다. 적어도 공부 마치고 돌아오는 아이들에게 잠에 골아떨어진 모습이나 술취한 몰골은 보이지 않으려는 확고한 신념 하나는 있었다.

우리들의 작은 집에는 꿈나무들이 자라고 있었다. 될 성 싶은 나무는 떡잎부터 알아 본다고 했던가. 학급위원에다 우등상에다 장학금에다 아이들의 성적은 기쁨이었고 행복이었다. 알아서 스스로 공부하니 무엇 하나 걱정할 것이 없었다.

무엇인가 사야 한다며 울면서 학교 가는 아이의 뒷모습을 보면서 감추었던 아내의 두 줄기 눈물을 나는 지금도 기억한다. 서울의 명문대학을 처음부터 꿈꾸지 않았다. 생활도 어렵고 엄마 아빠 고생하신다며 서울로 가려는 생각을 접어준 아이들이 너무나 고마웠다.

세월이 흘러 우리들의 작은 집은 32평 아파트로 바뀌었다. 공기 좋다는 평거동 변두리였는데 방 세 개가 대궐 같이 느껴졌다. 이 곳에서 우리 다섯 식구는 체온을 같이 하며 열심히 살았다. 이 곳에서 모두들 대학 졸업하고 전문의가 되고 선생님이 되고 석사 박사가 되어 훌륭한 사회인으로 자리를 잡았고 이 곳에서 짝을 만나 혼사도 치루었다.

지금은 모두들 둥지를 떠나고 할머니가 된 아내와 살지만 더 이상 바랄 게 없다. 조그마한 집 하나의 소망도 이루어진 지금 더 큰 집은 부질없는 욕심 아닌가.

토요일 오후, 아이들과 며느리 사위 손자 손녀 외손자가 다 모이면 우리 집은 또 작은 집이 되어 온통 웃음꽃 이야기꽃이 핀다. 책 읽는 소리, 노래 소리, 우는 소리로 왁자지껄 야단이다. 그래 아이들 책 읽는 소리, 우는 소리가 있어야 희망이 있다고 했다.

모두들 무엇 하나 불평 불만이 없다. 주어진 일에 열심히 노력하면서 역량껏 살아가고 있다. 옛날에 겪었던 그런 비참한 생활도 없고 어떤 스트레스도 없다. 어느 누구에게 의지할 것도 없고 어느 누구를 부러워 할 것도 없다. 당당하고 슬기롭게 소박하고 검소하게 살아간다. 욕심 없이 만족하며 모두들 즐겁게 살아 간다.

때때로 우리 가정이 부럽다는 이야기를 듣곤 한다. 자랑할 게 없는데 무엇이 부러울까마는 아내와의 단란한 모습이 좋게 보이는 모양이다. 할머니가 되어서도 아침마다 수영장에서 건강을 다지는 아내도 아직은 조금 매력이 있어 보이는 지 무척 행복해 보인다고들 한다. 더구나 이태백이니, 사오정이니, 오륙도니 하는 세상에 일흔이 되어서도 일이 있어 부럽다고들 한다.

모두들 평생 직장을 가진 아들 딸들과 꿈나무 손자 손녀들의 자람, 그리고 가정의 평화와 남다른 건강, 즐거운 생활을 부러워한다. 그래, 그러고 보니 조금은 자랑할 것도 있는 것 같다.

그럼 무엇이 오늘을 있게 했는가. 어떻게 살았기에 오늘의 조그만 행복이 이루어졌는가.

우리들 작은 집에는 꿈과 희망이 있었다. 욕심 없이 소박한 우리들의 소망은 조그만 집 하나와 아이들의 대학 교육이었다. 뚜렷

하고 실현 가능한 꿈과 목표가 있었기에 노력을 아끼지 않는 희생이 있었고 해내고야 말리라는 집념도 있었다. 아내의 내조도 있었고, 아이들도 아르바이트나 장학금으로 스스로 도왔다.

참고 노력하면 못 이룰 것이 없다고 믿었다. 인내와 노력을 이기는 천재도 없다고 배웠다. 한결같은 마음, 변함없는 결심으로 바보처럼 욕심 없이 저 높은 곳, 저 밝은 곳을 향해 뚜벅뚜벅 살아왔다.

아름다운 꿈과 값진 목표가 있었기에 우리들의 삶은 고달팠지만 행복했다. 숱한 어려움을 용하게 극복하고 소망을 이루었으니 얼마나 자랑스럽고 대견한 지 살아가는 인생의 묘미를 터득한 것 같다.

우리들의 작은 집에는 땀과 노력이 있었다. 한 알의 밀알이 썩지 않는다면 무슨 열매를 거둘 것인가. 땀 흘리는 노동도 피하지 않았고 목마름과 배고픔도 이겨 나갔다. 그 어려움 속에서도 책과 친구하며 내일을 위한 실력 쌓기에 쉴 틈이 없었다. 그 노력은 버릇처럼 지금도 계속되고 있다. 멈출 수 없는 탁마와 정진에는 피나는 땀과 노력이 뒤따라야 하는 것이다.

엄마 아빠가 열심이면 아이들도 본받아 따를 뿐이다. 모두가 실패할 수 없는 노력형, 학구적 인간이 되게 했다. 게으르고 나태하고 편안에 길들여진 사람들은 결코 이룰 수 없다. 세살 버릇 여든까지 간다고 하지 않았는가. 어릴 때부터 좋은 습관 책 읽는 모습을 보여주려 노력했다. 부지런하게 땀 흘리는 노동과 책무에 충실하도록 회초리로 독려 했다.

우리들의 작은 집에는 사랑이 있었다. 서로 사랑하고 아끼는 마음은 화목과 행복의 근원이다. 더구나 한 가정 한 가족에게 두말할 나위가 있을까. 엄마 아빠가 아이들을 사랑하는데 어찌 부모를 거역할 수 있으랴. 착하게 살아라, 건강하게 자라라, 열심히 공부하라는 외에 부모의 바람 더 무엇이 있겠는가. 부모가 착하면 아이들도 착하기 마련이다. 부모가 책 읽고 공부하면 아이들도 무조건 본 받는다.

회초리를 들어도 사랑으로 감싸며 애정과 깨우침을 주었다. 구차하게 사랑이니 무어니 내세울 필요도 없이 사랑과 보살핌은 부모로서의 기본이 되는 덕목이었다.

"부모가 지혜롭지 못하면 자식은 효도하지 않고,

형제가 우애롭지 못하면 아우는 공손하지 않고,

지아비가 의롭지 않으면 아내는 듣지 않는다."

우리들의 작은 집에는 또 꿈나무들이 자란다. 저녁마다 전화가 걸려오고 손자 손녀들이 할머니 할아버지를 찾으며 책 읽고 노래하고 웅변하고 영어 문장을 외우며 서로들 실력을 자랑한다. 그 순간이 가장 기쁘고 행복한 시간이다.

어쩌면 그 어려웠던 40년 전 아내와 내가 처음 품었던 그 때보다 더 아름답고 값진 꿈과 희망이 이미 자라고 있는 것이다. 앞으로 더 큰 사랑과 기쁨이 우리 아이들의 작은 집에도 충만하기를 바라는 마음 뿐이다.

우리들의 작은 집.

소박한 꿈들이 이루어지게 하소서!

사모곡

어머니!
가만히 불러보는 당신의 이름.

오늘도 당신을 그리며 그 사랑 그 희생을 생각해 봅니다.

어머니!

당신만 계시면 배고픔은 없었습니다. 굶기를 밥 먹 듯 하던 보릿고개 어려운 시절에도, 풀뿌리 나무껍질로라도 살아남기 위해 발버둥치던 절박한 시절에도 우리들 일곱 남매는 배고픔을 모르고 살았습니다.

당신은 냉수 한 모금으로 주린 배를 채우셔도 아이들 입에 밥 들어가는 것보다 더 기분 좋은 게 없다 하시곤 했습니다. 꽁보리밥 한 그릇 구들장에 묻어 두고 보글보글 된장찌개 끓이면서 기다려 주시는 그 정성에 우리는 배고픔을 이길 수 있었고 하루의 피로도 잊곤 했었습니다.

어머니!

당신만 계시면 추위도 없었습니다. 엄동설한 그 혹독한 추위도 이길 수 있었고 몰아치는 한파에 얼어붙은 몸과 마음도 당신의 체온으로 봄 눈 녹 듯 녹혀 주었습니다. 동지 섣달 긴긴 밤을 당신은 온 몸으로 바람 구멍 막으시고 따뜻한 아랫목에 우리들을 밀어

넣곤 하셨습니다. 무엇을 입히고 무엇을 신길까 하는 걱정에 떨어진 옷가지 매만지며 꿰매고 깁는 데 밤을 지새기도 하셨습니다.

어머니!

당신만 계시면 어떤 근심 걱정도 없었습니다. 산다는 것 자체가 고생이고 어려움이고 슬픔이고 눈물이던 시절, 당신은 근심 걱정으로 산을 이루어 밤잠을 설쳐도 우리를 세상에 아무 걱정 없이 티없이 자라게 하셨습니다.

어머니!

당신만 계시면 우리는 행복했고, 우리들의 초라한 오두막은 낙원처럼 즐거웠습니다. 봄날 같이 따뜻한 가슴에 안길 수도 있었고, 손발이 닳도록 베푸시는 사랑과 희생에 신나게 뛰어 놀 수도 있었습니다. 당신의 울타리, 당신의 눈길 속에서 우리는 웃을 수 있었습니다. 두려운 것 없이 무서운 것 없이 아쉬운 것도 없이 세상에 부러울 것도 없었습니다.

어머니!

가는 세월 오는 백발 막을 수가 없어 저도 이젠 늙은이가 되었고 할아버지가 되었습니다. 가파른 인생 고개 그 산마루에 걸터앉아 아름답지만 곧 어둠으로 밀려 올 황혼을 바라보며 당신의 모습을 그려 봅니다.

아이들의 아버지, 할아버지가 된 지금에도 영원한 당신의 아들로서 그 옛날 그 어린 시절 당신의 모습, 당신의 말씀을 그리워하며 생각에 잠겨 봅니다.

그 어렵고 가슴 아팠던 시절, 코 흘리게 일곱 아이의 가지 많은 나무에 바람 잘 날 없어도 무엇이라도 먹이고 입히셨습니다. 당신은 국물 한 모금이라도 줄이시고 구멍 난 양말 하나도 사양하시며 새벽도 한낮인 듯 한밤도 한낮인 듯 쉬지 않으시던 그 모습을 지금도 기억하고 있습니다. 어려움 속에서도 부모로서 마땅히 해야 할 일이라 말씀하셨습니다. 자식 많은 것도 하늘이 주신 복이라 하시면서 단아한 얼굴과 인자한 모습으로 한마디 불평도 없으셨습니다.

항상 웃는 얼굴 따뜻한 손길로 베풀던 인정과 사랑은 그 크기와 깊이가 산이고 바다인 듯 했습니다. 친지와 이웃에 베푼 정성은 지금도 여러 사람의 추억 속에 전설처럼 들려 오고 있습니다.

슬픔과 고난이 아무리 크다 해도 혼자서 무거운 짐 다 지셨습니다. 누구 하나 원망 않고 누구에게나 베풀고 나누며 접대하던 그 따뜻하고 인정스럽던 모습은 전형적인 조선 여인의 자태인 듯 했습니다.

어머니!

당신의 모습은 정녕 아름다웠습니다. 몽당 치마 삼베 적삼 입으시고 빗물에 머리 감고 바람결 손 빗질에 나무 비녀 꽂으셔도 그 고운 아미 그 따뜻한 미소는 가히 선녀처럼 아름다웠습니다.

끝까지 지아비를 섬겨야 한다면서 병 중의 아버지를 하늘 같이 섬기며 수발하던 그 희생은 차라리 아름다운 순교의 모습으로 저의 가슴에 새겨져 있습니다.

당신의 마음은 비단결처럼 고우셨습니다. 인정은 서로 나누어야 하고 정성과 도움은 서로 보태어야 하는데 팔 다리 좀 아파도 내 몸 하나 던져 조금 노력하면 모두가 편안하고 즐겁다 하시던 그 말씀도 지금 기억하고 있습니다.

어머니!

당신의 가르침은 값진 것이었습니다. 착한 일은 사람으로서 해야 할 일이며 열심히 하면 언젠가는 꼭 복을 받는다 하셨습니다. 남이 싫어하는 일, 죄 되는 일은 죽어도 하지 말라 하시며 거짓과 속임에는 회초리 열 대로 엄하게 벌 하셨습니다.

날품을 팔더라도 아이들 공부를 시켜야 희망이 있다 하시며 대학을 보내지 못 하는 아픔에 눈물도 흘리셨습니다. 삼대 부자 없고 삼대 거지 없다 하시며 열심히 살 것을 당부하시고 술, 여자, 노름이 패가망신의 원인이라 하시며 멀리 할 것을 당부하셨습니다. 형제는 한 핏줄이니 서로 돕고 살아야 한다 하시며 이해와 용서를 배우라고 하셨습니다.

지금까지 궁핍한 생활을 하면서도 돈 욕심에 양심이 어두워져 흔들림 없이 정직한 길을 갈 수 있었던 것도 어머니의 가르침 덕분이었습니다. 어느 예쁜 여인의 유혹에도 눈길 한 번 주지 않고 아내를 배신하지 않았던 것도, 작은 것에 만족하며 착하고 성실하게 살아가는 가풍을 이어 온 것도 어머니 당신의 그 교훈 때문이었습니다.

어머니!

당신의 이름만 불러도 행복해지고 가슴 흐뭇해지는 것은 우리들 생명의 근원이자 마음의 고향이기 때문입니다. 그러나 어머니, 때때로 당신을 생각하면 눈물이 솟구칩니다. 끝내 못한 효도, 불효 자식의 회한 같은 것이 가슴을 막히게 합니다. 바람 타고 달빛 타고 하늘 나라 가신 그 모습 그리는 그리움 때문에 이 아들은 소리없이 울어 보지만 당신은 너무 멀리 가셨습니다.

당신이 이 세상의 무거운 짐 내려 놓으시고 홀연히 저희들 곁을 떠나시던 그 날을 기억 합니다. 아무 것도 남겨주신 것 없다 하시며 애달파 하시던 그 진주 같은 눈물도 기억합니다. 저희들 일곱 형제는 졸지에 고아가 된 듯 들판에 버려진 어린 병아리처럼 슬픔에 울부짖기만 하였습니다. 약 한 첩 따뜻이 못 해 드린 불효와 죄책감에 가슴을 치던 아픔을 지금도 기억하고 있습니다.

어머니!

지금도 인자하던 그 모습이 보입니다. 가난이란 숙명적 굴레 속에서 항상 곱고 슬프시던 그 모습이 저의 가슴 속에 영원히 살아 계십니다. 지금도 그 목소리 그 꾸지람이 들립니다. 회초리 내려치며 꾸짖던 당당한 기품도 느낄 수 있습니다.

이제 세월이 흘러 저 역시 가난 때문에 고통과 역경 속에 가슴 아픈 세월을 살아 왔습니다. 어렵고 주저앉고 싶을 때 어느 누가 손 뻗어 일으켜 주지 않나 사방을 살펴 보아도 아무도 없고 눈 감으면 그 모습 그 목소리, 저를 지켜 주신 것은 어머님 당신 뿐이었습니다.

구름 타고 오신 듯 별빛 타고 오신 듯 늘 푸른 소나무 위 한 마리 새하얀 학이 되어 그래 그래 어서 일어 나거라, 그래 그래 열심히 살아야지, 그래 그래 착하게 살아야지 하시며 모든 설움과 아픔을 달래 주시고 어루만져 주셨습니다.

그 언제인가 자동차 충돌로 저의 목숨이 저승의 문턱에 닿는 순간 기적 같은 조화로 저를 구해 주신 것도 정한수 떠 놓고 그렇게 빌어 주시던 어머니의 그 정성, 그 음덕 때문임을 저는 알고 있습니다.

어머니!

지금 이 아들이 고우신 어머니를 생각하 듯 고마우신 어머니를 그리워하 듯 우리 아이들이 언젠가는 또 저희를 고맙고 고운 엄마 아빠로 기억할 수 있도록 착하게 열심히 살려고 노력하고 있습니다. 아이들에게서 바라고 얻을 것은 아무 것도 없습니다. 건강하게 열심히만 살아주면 고맙고, 착하게 살면서 화목하기만 한다면 그것이 곧 효도이려니 하고 더 이상 그 무엇도 욕심 내지 않을 것을 다짐하고 있습니다.

어머니!

당신의 모습, 당신의 희생대로 정성과 사랑으로 보살피고 지켜주는 것 그것이 부모로서의 본분이라 믿고 노력 하겠습니다. 어머님께서 하신대로 남 몰래 땀도 흘리고 혼자 가슴도 아파하면서 이것이 부모의 사랑이려니 여기고 그 희생과 고역이 인간의 길이려니 여기고 꿋꿋한 부모가 되도록 노력하겠습니다.

어머니!

이제 저희들도 육신이 늙어 이별의 슬픔을 맞을 때가 멀지 않았습니다. 언젠가 한 번은 맞아야 할 그날을 담담한 마음으로 예비하면서 아버지 병 중에 누워 계실 때 들려 주시던 그 말씀을 기억해 봅니다.

"자식이 늙은 부모를 봉양함에는 그 마음을 즐겁게 하고 그 뜻을 어기지 않으며 그 귀와 눈을 즐겁게 하고, 그 거처를 편안케 하며 좋아하는 음식으로 정성을 다 해야 한다."

진주라 먼 곳에 떨어져 살면서 아버지 임종은 다가오는데 빈 주머니 처지라 무엇으로 효도 할 수 있나 하고 슬픈 마음에 통곡하고 절규할 때 “아직은 내가 있으니 괜찮다” 하시며 그 봉양 그 정성을 다 하시던 모습이 새삼스레 그리워집니다.

이제 인생 황혼에 사회 역군으로 성장하는 아이들의 모습과 두 며느리의 정성이 우리들 가슴을 흐뭇하게 하고 있습니다. 세상이 몰라보게 달라졌고 효도의 개념도 많이 변질 되었지만 그 기본이나 정신은 예나 지금이나 조금도 변하지 않았다고 생각합니다.

어머니!

만났다 헤어지고 헤어졌다 다시 만나는 것이 인생이고 생명의 섭리 아닙니까. 언젠가 저도 어머니 만나러 하늘 나라에 올라가야 합니다. 청산에 묻혀서도 어머니의 아들이 되어 못다 한 사랑 못다 한 효도를 다 하려 합니다. 가슴 속에 불효의 회한으로 남은 아픔을 따뜻한 정성과 봉양으로 모시며 참회하고 싶습니다.

바람 타고 달빛 타고 하늘에 올라가 어머니 당신을 만나 속세의 그 이야기 가슴 아프고 슬픈 이야기로 밤새워 정담을 나누고 착한 아내 착한 아이들 이야기로 기쁨을 드리며 어머니와 아들의 모정, 그 사랑을 나누고 싶습니다.

어머니!

사랑하는 나의 어머니!

저녁 노을이 곱습니다. 하늘에서는 더욱 더 곱겠지요. 이제 곧 어둠이 펼쳐질 것입니다.

영원한 나의 어머니!

하늘 나라에서도 건강 하십시오.

일 백 한 번의 맹세

"튼튼하고 건강하게 커라."

어릴 적 아버지 어머니의 바람은 차라리 기도 같았다.

"공부 열심히 해서 훌륭한 사람이 되어야 한다."

중·고등학생 시절, 매일 듣던 교장 선생님의 훈시에는 항상 새로운 교훈과 깨우침이 담겨 있었다. 그래서인지 착하게 살아야겠다는 다짐은 항상 나의 결심이 되고 있었다.

고등학교를 졸업하고 사회와 인생, 청춘과 사랑 등에 대해 무엇인가 관심과 회의를 가지면서 약속, 맹세란 말을 자주 사용하게 되었다. 다짐, 결심, 약속의 단계를 지나 처음 맹세한 것은 고등학교 시절 '칠우회' 라는 모임에서 일곱 친구들이 영원한 우정을 다지며 뜻을 같이 한 것이었던 것 같다. 그 이전에도 맹세와 비슷한 마음의 다짐이나 언약 같은 것은 있었지만 모두가 결심 정도의 것이었지 엄밀한 의미의 맹세는 아니다.

그 때 우리는 까까머리 학생 신분으로 사이다와 막걸리를 칵테일한 막사이사이를 마시면서 우정은 영원히 변하면 안 된다고 마구 떠들면서 몇 번이고 되풀이 맹세를 했었다.

우정의 맹세는 그 뒤 '삼총사' 라는 두 명의 다른 친구와도 있었다. 그러나 학교를 졸업하고 생활 전선에 뛰어 들면서 뿔뿔이 헤어지고 더러는 요절하고 나처럼 연락을 끊고 잠적하다시피 한 사람도 있었다. 만나지 못하고 우정을 다하지 못했으니 맹세는 자연 물거품이 되고 우정도 퇴색되어 지켜지지 않는 맹세가 되어 버리고 말았다. 어쩌다 예식장 같은 데서 마주치면 악수 한 번 하고 안부 묻고 헤어지면 그만이니 맹세란 것도 별 것이 아닌 것 같다.

그 이후 세상을 살면서 무수한 결심이 있었고 맹세가 있었다. 내 인생에 있어서 가장 성공적으로 지켜진 맹세는 금연에 대한 맹세였던 것 같다. 무엇 하나 즐길 게 없었던 궁핍하던 50년대에 담배는 모든 청소년들에게 대단한 유혹이었고 매력이었다. 지금 내 연배의 노인들이 모두들 골초인 걸 생각하면 담배에 대한 탐닉과 호기심이 어땠는가를 짐작케 해 준다.

사전을 그어가며 공부하던 타임지에서 읽은 기사 하나가 금연의 맹세를 낳게 했다.

"담배는 악마의 잡초이며 건강을 해치는 주범이며 만병의 근원이니 절대 당신의 코를 굴뚝으로 만들지 마라!"

다이옥신 같은 말은 없었지만 그 당시 니코틴의 해독에 대한 설명이 가슴에 각인되어 저절로 '금연'이란 맹세가 이루어져, 한 달 정도 책상머리에 표어처럼 붙여 놓기까지 했었다.

금연에 대한 고마움은 현재 장성한 두 아들 뿐만 아니라 사위까지 우리 식구 모두가 담배를 안 피운다는 것이다. 그 무서운 다이옥신의 해독과 암의 원인이라는 담배 연기를, 그것도 돈을 주고 사서 몸 속으로 빨아들이다니 이건 상식적으로도 있을 수 없다는 합리적인 생각들이 고마울 수밖에 없다. 담배 연기, 재떨이, 먼지도 없는 쾌적한 생활 공간에 맑은 공기와 시원한 바람은 생각만 해도 즐거운 것 아닌가!

또 하나 평생을 두고 자랑할 수 있는 맹세는, 지금은 헐리고 없지만 40년 전 해운대 관광호텔 601호실에서의 신혼 여행 첫 날 밤에 아내와 두 손 꼭 잡고 맺은 아이들의 교육에 대한 것이다.

대학에 못 간 것이 한이 되어 어떤 고생이 있어도 자식들만은 대학에 꼭 보낸다는, 당시로는 무모하고 엉뚱한 맹세가 이루어졌었다. 아이들도 자라면서 열심히 공부해 주었다. 용하게 장학금도 타고 틈내어 아르바이트도 하면서 모두들 우수한 성적으로 대학을 마쳤으니 이보다 더한 기쁨이 어디 있을까. 아이들의 노력과 정진에 감사하는 마음 뿐이다.

한 달에 책 한 권 읽는다, 착하게 살고 열심히 산다, 술과 노름과 여자는 패가망신의 지름길이니 이를 멀리한다는 등의 내 인생에 수많은 맹세가 뒤따랐다. 지켜진 맹세도 있고 잊혀진 맹세도 있어 나를 기쁘게도 하고 가슴 아프게도 한다.

여기서 우리 형제들의 맺지 못한 맹세 이야기를 처음으로 밝혀야겠다. 우리는 삼 형제에 네 자매다. 생활이야 어려웠지만 모두들 착하게 열심히 살았다. 아버지 어머니를 닮아 너무 착하니까 못 산다는 말을 수 없이 듣고 살았다. 피땀 흘려 노력해도 가난의 굴레는 쉽게 벗을 수가 없었다.

30대가 지나고 40대가 되면서 사회 부조리에 대한 불평도 생기고 가난 때문에 육신은 파김치가 되고 만신창이가 되면서 저절로 술이 친근한 동무가 된 듯 가까이 하게 되었다. 되는 일도 없고 짜증 나고 스트레스만 쌓이는 세상에서 자연히 술은 위안이고 위로이며 도피처가 된 것 같았다.

특히 형님은 술과 동무했다. 술을 즐겨 한 잔 두 잔 계속 마시니 취하게 되고 주정이 생기고 추태가 연출되곤 했다. 술만 마시면 고함이 나오고 욕설이 나오고 불화가 생기기 시작했다. 밤잠 못 자는 소란도 일어나 동네 부끄러운 구경거리의 주인공이 되기도 했다. 그 놈의 술 때문에 가족들은 괴로워하고 가정은 파괴되었다. 형제애도 사라지고 무엇보다 건강이 나빠져서 이대로 두어서는 가정에 비극이 온다는 결론에 이르렀다.

삼 형제가 모인 자리에서 술에 대한 피해를 역설하고 우리 삼 형제 손마디 하나씩을 칼로 자르고 피로써 금주 맹세를 하자고 제안 했다. 좀 아프고 출혈이 있겠지만 병원에 가서 치료하면 되고 우리의 맹세는 죽을 때까지 지키고 쓰러져 가는 집안도 다시 일으키는 계기가 된다는 점을 주장했다.

"미친 소리 하고 있네. 임마, 그런 맹세가 어디 있노."

형님의 반응은 차라리 반발이고 반항이었다. 결국 비장한 우리 삼 형제의 맹세는 이루어지지 않았지만 나는 혼자서 '술은 기분 좋을 만큼, 건강 해치지 않을 만큼' 이라고 가슴 속에 다짐하고 맹세 했다.

나는 지금도 형님과 동생이 천명을 다하지 못하고 일찍 세상을 떠난 것이 과한 술 담배의 해악 때문에 생긴 건강 악화라는 걸 잊지 않고 있다. 건강을 생각지도 않고 호언장담하던 무지와 만용이 지금도 가슴을 아프게 하고 있다.

사람들은 결심과 맹세를 통해 희망을 안고 성공을 이루기 위해 노력한다. 때로는 귀한 맹세가 집념도 갖게 하고 분발하고 헌신하게도 한다. 맹세가 인생 항로에 아름다운 드라마를 연출하면서 성공과 행복을 가져다주는 것을 우리는 자주 목격한다.

공부를 열심히 해야지, 내 건강 내가 지켜야지, 사업에 성공해야지, 효도 해야지, 내 집 살 때까지는 절약 해야지 등 세상의 모든 소망과 희망들이 수많은 결심과 맹세를 낳게 한다.

어쩌면 누구나 백 번도 넘는 맹세를 했을 것이다. 그 맹세, 그 결심을 이루기 위해 하루 하루 열성을 다해 살아가고 투쟁하는 것이 우리들의 생활이고 인생이다.

지금 가만히 눈을 감고 어린 시절부터 어쩌면 백 번도 더 했을 결심 같은 맹세, 맹세 같은 결심을 생각해 본다. 그래도 역시 '착하고 진실 되게 살자!', '큰 욕심 버리고 마음 편히 살자!' 라는 생활 신조가 나를 지탱해 주었고 가정을 화목하게 해 준 옳은 맹세였던 것 같다.

이제 인생 황혼에 무슨 맹세가 더 있을까. 그러나 나에게는 아직 맹세가 남아 있다. 죽는 날까지 건강해야지, 그리고 회고록 만큼은 꼭 써야지 하는 결심과 소망이다.

글쎄, 이건 차라리 맹세가 아닌 하나의 희망 아니면 소박한 기도 같은 게 아닐까.

온풍수의 아내 이야기

살아 생전 어머니께서도 칭찬 하셨다.

"마음씨 곱고 착하니 이제 되었다."

"어려운 우리 살림에 게으르고 눈 높은 처녀였음 큰 일 날 뻔 안 했나."

고부 갈등이나 가난의 고통을 못 이겨 가정을 버리는 여자도 많은데 어머니께서도 즐거워 하시고 아내도 잘 따르니 무엇 하나 걱정이 없었다.

우리들의 신혼은 진주시 장대동 계란전 뒷골목 햇볕도 들지 않는 조그만 셋방에서 시작 되었다. 너무나 서글프고 초라한 시작이었다. 끼니라도 굶지 않아야겠다는 두려움과 눈코 뜰 사이 없이 바쁜 생활이 전부였다.

사랑이 무엇인지, 신혼의 단 꿈이 무엇인지 몰랐다. 사랑이니 정이니 하는 말은 오히려 사치스런 푸념처럼 들릴 수밖에 없는 처절한 가난과의 투쟁이 시작되고 있었다.

총각 때와는 달리 결심과 각오가 새로워졌다. 책임과 의무 같은 것이 두 어깨에 무겁게 느껴졌다. 10원 하나도 아끼게 되었고 100원부터 저축이 시작 되었다.

절대 절명, 더 이상 어려워질 수 없는 밑바닥 생활에서 허덕일 때, 강인한 아내의 마음 가짐은 큰 힘이 되고 위안이 되었다. 아이들이 태어나고 자라면서 가난의 어두운 그림자가 더욱 절실하게 가슴을 아프게 했다.

아이들 셋이 되고 학교에 다니면서 빠듯한 생활은 그야말로 무너지려는 집처럼 떠받쳐야 할 곳이 한 둘이 아니었다. 윗돌 빼서 아랫돌 괴고, 아랫돌 또 빼어 윗돌 괴고 가래로 막을 것 호미로 막으며 정신없이 갈팡질팡 하면서도 가난의 굴레를 벗어나려는 각오는 한결 같았다. 그 어려움 속에서도 아이들의 공부가 첫째 관심사였다.

역경 속에서도 가정을 이끌어 올 수 있었던 것도 아내의 바른 내조가 있었기 때문이었다. 나는 지금도 가난의 그 오랜 세월을 한마디 불평 없이 함께 헤쳐나온 아내의 그 끈기와 저력에 감사하지 않을 수 없다.

불평 불만에 불화까지 겹쳤다면 어떻게 되었을까. 하나씩 이루며 살려는 눈물겨운 노력이 없었다면 과연 오늘의 우리 가정과 아이들이 있을 수 있었겠나 생각하니 아내의 무서운 생활력과 끈질긴 인내가 그렇게 자랑스러울 수가 없다.

가난은 가정을 파멸의 구렁텅이로 몰아넣기도 한다. 그러나 꿈과 희망을 안고 이를 극복하려는 노력과 집념만 있다면 오히려 가족을 하나로 뭉치게 해서 분발하고 개척하는 계기를 만들어 극복하게 하기도 한다.

아내는 착한 여자였다. 어질고 마음씨 고운 여자였다. 어려운 일에도 몸과 마음을 아끼지 않았다. 눈물 같은 것은 아예 있지도 않았다. 가난 때문에 겪는 조소와 멸시와 차별에 눈물이 솟을 때 오히려 질책하고 용기를 준 것은 항상 아내의 당당한 마음가짐이었다. 가난을 숙명이라 생각 했을까. 그 무엇에서 우리도 할 수 있다는 희망을 품었을까.

예쁜 아내는 눈을 즐겁게 하지만 착한 아내는 마음을 즐겁게 하고 가정을 일으켜 세운다고 했다. 무서운 생활고와 비정한 인심에도 순종하면서 불평없이 노력하고 아낌없이 헌신해서 아이들 뒷바라지 하면서 가정의 평화를 지켜온 걸 보면 그 신앙 같은 교육열과 사랑에 감탄하지 않을 수 없다.

가정이 어렵다는 편리한 핑계로 아이들을 시장 바닥에 팽개치거나 공장으로 밀어 보냈다면 우리 가정과 아이들은 어찌 되었을까를 생각해보면 소름끼치는 전율도 느낀다. 틀림없이 암담하고 비참한 현실 속에서 부모를 원망하며 가슴 아파 울고 있을 것 아닌가.

생활은 좀 어려웠고 고달팠지만 아이들에게 책과 학교를 독려했고, 최선을 다하라고 회초리 치던 그 열성이 우리 가정의 굳건한 기틀이 된 것이라 생각하니 얼마나 자랑스럽고 얼마나 기쁜가.

아내는 어머니로서의 품성과 주부로서의 인성을 다 갖추고 있었다. 상냥한 미소와 정감어린 말씨는 나 뿐만 아니라 아이들에게도 힘이 되고 위로가 되었다. 집안 친지, 친구, 이웃 등 남녀노소, 빈부귀천 가리지 않고 좋은 사람, 좋은 친구가 되어 스스럼 없이 잘도 어울린다. 모두들 그 마음과 미소와 우정, 자상함과 인정에 취한 듯 고마워하고 즐거워한다.

해야 할 구실과 책무는 또 얼마나 많은가. 아내 구실, 엄마 역할, 며느리에, 형수에, 언니에, 올케에, 생질부 등 거기다 이웃집

아줌마 행세, 동네 할머니를 기쁘게 해 드리는 새댁 역할까지 눈 뜨면 해야 할 일, 찾아 가야 할 일이 줄줄이 기다리고 있다.

내가 온풍수라는 힐난을 감수하면서 아내 이야기를 하려는 것은 자신의 수고를 아랑곳하지 않고 항상 웃는 얼굴로 열심히 살아 준 알뜰함과 열정, 그 순정이 너무나 고마워서이다.

나는 아내를 맞은 뒤 꿈도 생기고 희망도 가슴에 안았다. 처음부터 큰 부자나 출세 같은 것은 바라지도 않았다. 다만 아이들의 대학 공부와 조그마한 우리 집 하나만을 소원했다. 이제 아이들도 학교 공부를 마치고 석사 박사에다 사회 역군으로 일하고 있다. 그리고 조그마한 아파트 한 채를 지녀 소망을 이루었으니 더 큰 욕심도 없고 더 바랄 것도 없다. 아내와 함께 건강하기만을 바랄 뿐이다.

아내와 나는 풍족하지 않지만 즐겁게 살자고 다짐하며 산다. 서로 고마워서 의지하며 산다는 예순 줄 인생을 다 살고, 등 긁어 줄 사람 필요해서 함께 산다는 일흔 줄에 들었는데 아내와 나의 앞길에 무엇이 남아 있을까.

가슴 흐뭇한 행복도 있겠지. 그러나 곧 병마와 이별과의 처절한 아픔이 남아 있는 것 아닌가. 그 날이 언제인 지 몰라도 그 날까진 즐겁게 살자. 닥치는 그 날까지 두려움 갖지 말자. 아내와 함께인데 자신도 있고 사랑도 있지 않는가.

아내와 함께 한 40년의 생활을 돌이켜 보면 내가 잡은 최고의 행운은 바로 아내와의 만남, 아내와의 사랑이다. 그것은 최고의 축복임에 틀림없다.

손 뻗으면 그 자리에 따뜻한 체온으로 있고 바라보면 그 자리

포근한 미소로 있는 사람, 떨어져선 그리워 보고 싶고 함께 하면 보고만 있어도 좋은 사람, 이제 새삼스레 첫사랑 연인이라도 된 듯 손도 잡고 싶고 오순도순 이야기 하고 싶어지는 그런 여인, 그 여자가 나의 아내다.

언제 어느 곳에 있어도 마음은 하나라 구름이 비이 듯 비가 구름이 듯 이렇게 그리워하며 사랑하며 사는 것이 두 사람의 바람이고 우리들 삶이다.

내가 오늘 즐거이 온풍수가 되고 바보가 되어 자랑스레 이야기 하는 나의 아내, 우리 아이들의 엄마, 우리 꼬마들의 할머니를 나는 'SOO'라는 애칭으로 부른다.

SOO야! 사랑한다!

반장, 일등은 하지 마라

토요일 오후에는 가족들이 다 모인다. 공부하러 미국 간 딸과 사위가 함께 하지 못하는 것이 항상 아쉬웠었는데 이제는 학위 받고 다들 돌아왔기 때문에 특별한 사유가 없는 한 함께 모인다.

손자 손녀 외손자까지 합쳐 열 세 명이 함께 모이면 우리들의 작은 아파트는 금새 웃음판이 된다. 함께 저녁을 먹고 과일도 먹고 술도 한 두 잔 나누면서 아이들의 재롱과 노래에 박수치고 웃다 보면 인생 말년에 이 순간보다 더 흐뭇한 것이 무엇일까 하고 더없이 행복해진다.

문득 교육비 이야기가 나왔는데 놀랍게도 딸 아이가 대학 시절 아르바이트를 무척 많이 했다는 것이다.

"혜영이가 무슨 아르바이트를 해?"

"당신같이 바쁜 사람이 어찌 그 애 아르바이트를 알겠능교. 혜영이도 학비와 용돈을 많이 벌어 보탰습니더."

아내의 설명은 당당했다. 철부지 딸로만 알았는데 나도 모르게 한마디 불평 불만 없이 용돈 벌어가면서 공부 했었구나 생각하니 아버지로서 못난 자신이 부끄러웠지만 내심 무척 고맙다는 생각이 들었다.

큰 아이와 둘째가 아르바이트 한 것은 나도 안다. 밤새워 책과 씨름하던 큰 아이의 학구열은 인정하고 있었다. 의예과와 본과를 거치는 동안 자기 공부도 바쁜데 없는 시간 내기도 어려웠을 것이다. 그러나 한 권에 20만원씩 한다는 책을 사야 한다면서 어려운 가정 형편을 미리 알고 한마디 불평없이 용돈 벌어가며 장학금 타고 한 걸 보면 너무 대견하고 고마워 무어라 할 말이 없다.

둘째 아이도 아르바이트 한 경험이 있다. 방학 때 아르바이트 한답시고 하루종일 하수구 청소하고 구정물 뒤집어 쓴 차림으로 돌아왔는데 나만 그 내용을 몰랐다.

"어디서 무얼 했는데 옷이 그 모양이고?"

둘째는 대답없이 씻고만 있었다.

"종일 2만원 벌려고 하수구 치우고 왔다 아잉교."

아내가 내 입을 막으며 하는 말이다.

"뭐! 하수구?"

나는 부끄럽고 죄스런 마음에 말을 이을 수가 없었다. 저녁 먹고 있는 아이에게 한마디 말도 못하고 뒷방에 엎드려 혼자 눈물을 쏟던 기억이 있다.

그리고 어느 해 겨울이던가. 방학을 이용해 주유소 종업원으로 고생하면서도 찬바람에 싸늘해진 두 뺨에 티없이 웃던 모습을나는 잊을 수가 없다.

지금은 전문의가 되고 선생님이 되었지만 젊어서 겪은 고생은 아이들 인생에 큰 경험이 되고 자산이 되어 인생 역정에 큰 보탬이 될 것이라 의심치 않는다. 가난을 부끄러워 하지도 않았고 더구나 부모를 원망하지도 않으면서 마땅히 젊은 나이니까 이 정도는 고생해도 괜찮다 하면서 자진해서 일을 찾고 궂은 일 마다 않고 기꺼이 땀 흘린 그 마음과 열성이 한없이 귀한 것 아닌가.

그런데 이런 저런 이야기 끝에 일등은 하지 마라, 반장은 하지 마라는 이야기가 나왔다. 이건 또 무슨 말인가. 일등을 하지 말라 했다니, 반장은 하지 말라 했다니 의아할 뿐이다. 세상의 모든 부모들이 다 바라고 원하고 자랑으로 생각하는 일등과 반장을 하지 말라고 했다니 세상에 이런 바보 짓이 또 어디 있으랴.

아내의 설명인 즉, 학급 반장이라도 하게 되면 우리 형편에 어쩌겠나 하는 걱정과 노파심에서 이등은 꼭 하더라도 반장과 일등은 하지 말라고 몇 번이고 당부하고 윽박지르기까지 했다는 것이다.

그 당시는 너무나 어려운 생활이었지만 세상에 가난이 무슨 죄라고 아이에게 당치도 않는 강요를 했다니 감수성이 민감한 아이에게 얼마나 큰 아픔과 상처를 주었을까.

"어린 나이에도 가슴이 아팠고, 괜히 혼자 화가 나서 울기도 했고, 공차기로 땀을 빼서 마음을 가다듬고 했습니다."

큰 아이의 추억에도 뚜렷이 그 날의 아픔과 한이 서려 있다. 치마 바람이 거세던 시절에 엄마의 가슴 아픈 당부에 어린 마음도 사뭇 아팠을 것이다. 그러나 오히려 그것이 촉진제가 되어 항상 분발하고 최선을 다하는 계기가 되었다고 회상하는 아들을 보고 있으니 대견함으로 가슴이 벅차 오른다.

나는 아이들이 일등을 몇 번 했는 지 이등을 몇 번 했는 지 모른다. 실제로 할 수나 있었는 지, 할 수는 있었는 데도 안 할려고 했었는 지 그 내용을 모른다. 나는 아이들 입학식도 모르고 졸업식도 모르고 살았다. 그 만큼 바쁘게 살았고 그만큼 열심히 일했다. 단 한 번 큰 아이 의대 졸업식 때 히포크라테스 선서하는 자랑스런 모습을 보고 싶어 참석해서 세상 부러울 것 없는 자부심 같은 걸 가져 본 일이 있을 뿐이다.

교복 한 번 빛나게 못 맞춰 입히고 집안 형님들 교복 물려 받아 축 처진 옷깃을 못 마땅해 하며 난감해 하던 아이들의 표정을 잊지 못해 지금도 죄책감을 안고 있다.

며칠 전 둘째 아이 내외가 내게 들려 준 말도 너무나 큰 기쁨이었다.

"아버지, 우리 두 사람 이제 석사 코스는 마쳤습니다."

출 · 퇴근 등 교직 생활이 얼마나 바쁜데 석사 학위를 받는다니 얼마나 대견하고 장한 일인가.

"그래? 장하다. 열심히 해줘서 고맙다."

나는 두 아이의 어깨를 감싸 주었다.

"아버지, 박사 코스도 한 번 해 볼까예?"

"뭐? 박사? 할 수만 있다면 하는 게 좋지."

앞 뒤 생각 없이 격려는 했지만 그것이 또 얼마나 힘들고 어려운 일인가. 고마운 아이들, 열심히 하는 아이들, 스스로 알아서 하는 아이들. 어쩌면 내 직계에 박사도 몇 명 생길 것 같다. 학위 수여식 때는 꽃다발이라도 들고 가서 축하해 주어야겠다.

입시철이 되면 세상의 자식 둔 부모라면 누구나 어느 대학 어느 과에 어떻게 가야 할 지 가슴 졸이며 눈치 보기가 이만 저만이 아니다. 전문대학에라도 입학만 했으면 하고 기도하는 이웃도 있다. 그런 애기들을 들을 때마다 아무 걱정 없이 가고 싶은 대학에 마음대로 들어가고 아르바이트 해 가며 졸업하고 사회의 역군으로 제 몫을 다 하고 있는 아이들을 생각하면 얼마나 자랑스럽고 대견스러운 지 티 없이 자라준 아이들과 도와 주신 모든 분들께 감사하는 마음 뿐이다.

가끔은 형편이 좀 좋았다면 서울로 보냈을 텐데 아빠의 무능력 때문에 아이들 앞길을 펼쳐 주지 못한 것 아닌가 하는 죄책감과 당치도 않는 후회를 하기도 한다.

그러나 서울이라고 다 좋은 것 아니고 지방대학이라도 적성을 살리고 실력을 쌓으면 그 사회에 꼭 필요한 역군이 되는 것이다. 그 사람의 인성이 중요하고 실력이 중요한 것이지 그 학교가 중요한 것이 아님을 나는 알고 있다.

나는 오늘 가족들과의 대화에서 아르바이트나 일등, 반장에 대한 이야기를 듣고 너무나 흐뭇하고 행복하다. 엄마 아빠가 가난의 회오리 속에서 허우적거리고 있을 때 너희들은 열심히 공부하며 제 갈 길을 착하게 가고 있었구나 하고 생각하니 너무나 고맙고 자랑스럽기 때문이다.

앞으로도 그렇게 살기를 바란다. 큰 것 욕심 내지 말고 사회에 봉사하고 세상을 밝히는 등불이 되 듯 하늘 아래 부끄럼 없는 삶을 살아라. 최소한 노동의 신성함, 땀의 소중함, 사랑의 향기로움, 거짓의 부끄러움 만큼은 알아야 한다.

어쩌나, 내 글이 그만 자식 자랑으로 흘렀구나. 세상이 나를 바보라 하고 푼수라 하겠군. 세상이 나를 보고 웃어도 이제 어쩌랴.

세상이 웃어도 나는 인생이 즐거운 걸!

아이들이 자랑스러운 걸!

정축생 소띠 인생

"정말 평생 이대로 있을라 카나?"

"늦기 전에 독립해라. 50살이면 늦단 말이다."

"월급쟁이 끝날 때 그 후회, 그 비애를 어이 할려고, 형제끼리 부자간에도 싸우는 세상인데……."

이런 이야기를 수십 번도 더 들었다. 한 직장에서 40여 년을 그것도 별로 크지도 않고 특별한 장래성이 있지도 않는 곳에서 젊음과 정열을 고스란히 다 바쳤으니 그 동안 겪었을 고난과 수고가 얼마나 컸을까. 그러니 자연히 주위에서 지켜 보던 집안 어른들이나 처가 쪽 식구, 친구들, 고객들, 메이커 직원들로부터 독립해서 개업하지 않겠느냐는 권유를 수 없이 받은 것도 무리는 아니다.

30여 년 전에는 업체도 많지 않았고 또 농약의 수요가 엄청난 증가세 였었기에 어느 곳에서나 문만 열면 손님 모여 들고 성공할 텐데 무얼 그리 망설이느냐 하는 것이었다.

한두 번 생각을 안 해 본 것은 아니지만 끝내 독립하지 못하고 이 곳이 나의 천직이고 내가 지켜야 할 자리라면서 꿈적 않고 말뚝 박은 걸 보면 무던히도 꿈도 없고 용기도 없고 별 다른 욕심도 없었나 보다. 경쟁이 두려워서일까, 실패가 두려워서일까, 그것도 아니면 단순히 한 푼도 준비 안 된 자본 때문이었을까.

당시로는 경쟁할 필요도 없었고, 실패할 확률은 더 더욱 없었고 자본이라야 가게 얻을 전세금 조금만 있으면 개업이 가능 했었다. 실제로 나 자신이 권유하고 지도해서 개업시킨 업소들이 모두 훌륭하게 성공하고 발전하고 있음을 보면 별로 문제 될 이유가 아니었음을 알 수 있다.

그렇다면 어느 누구의 반대나 위력에 눌려 개업의 꿈을 접고 만 것은 아닐까. 또는 나약하고 소극적인 성격과 인습에 길들여져 한 번도 자신의 목소리 내지 못하고 자신의 날개로 날 수 있는 능력을 갖지 못했던 건 아닐까.

이들 물음에 대해선 스스로 해답을 유보하는 대신 인간으로서의 차마 못할 배신이나 모반 같은 걸로 평생을 등지고 살아야 한다는 부담 같은 것이 큰 변수로 작용 했다고는 말할 수 있다. 그리고 우선은 아이들 탈없이 공부하고 있었고 적어도 다섯 식구 배고프지는 않다는 현실 인식이 그 오랜 세월 동안 나를 묵묵히 일을 해 올 수 있도록 한 것 같다.

지금 가만히 생각해 보면 그 때 독립 개업하지 못한 것이 더러는 아쉬움이 되고 바보 같은 후회로 남지만 그래도 어느 누구 하나 원망하지 않고 이것이 나의 길이려니, 이것이 나의 운명이고 숙명이려니 하고 열성을 다해 온 것은 다분히 또 다른 이유가 있었던 것 같다.

12간지에 따르면 나는 정축생 소띠에 속한다. 나 스스로 생각해도 소를 닮은 듯 말 없이 성실하고 유순하고 불평없이 충성하며 열심히 일하는 일면이 있다고 본다.

반면에 소를 닮아 매사에 소극적이고 느리고 어리석어 별로 진취적이지 못하고 발빠른 처세에 항상 뒤쳐지는 타입이라 놀림을 받기도 한다. 소띠이기 때문에 어리석고 심약해서 잘 속는다는 비난에는 쉽게 동의 하지 않지만, 소띠이면서도 태어난 시기가 6월이기에 피치 못 할 운명이라는 해석에는 별다른 이의나 항의를 할 수가 없다.

어린 시절 어머니께서는 어느 유명한 역술가에게 이 아들의 운명에 대해 물었다고 한다. 운명은 해와 달과 날과 시로 정해져 있는 법이다. 그 때 밝혀진 나의 운명인 즉, 소띠인 데다 6월 3일생이고 아침 9시경이니 그 때는 모심기에 눈코 뜰 새 없는 시기이다. 소는 당연히 논 가느라 가장 힘든 노력을 해야 하는 시기라는 것이다. 따라서 기진 맥진 육신은 고단하고 일은 밀려 있고 그렇게 평생을 땀 흘리고 고생하며 살아야 하는 괘라 했단다.

그런데 어려운 시기를 잘 넘기면 흐뭇한 휴식과 호강이 있을 것이며 노년에는 행복한 여생을 즐기게 될 것인 즉, 땀 흘리고 고생하며 일복 터진 것을 복으로 알고 참아 나가야 한다고 설명했단다.

만약 정해진 운명에 거역하고 반항하면 일신상의 큰 재앙이 있을 것이란 섬뜩한 계시 같은 것도 있었단다. 듣고 보니 소의 생리와 나의 출생을 연결시켜 묘하게 해석이 내려져 신비롭다는 생각까지 했었는데 어쩜 이것이 내 운명이려니, 내 숙명이려니 하면서 받아들여 이를 가슴 깊이 담아 두기까지 한 것 같다.

그 후 군대 생활 할 때 같은 내무반에 역술을 공부한 후배가 심심풀이 장난삼아 생년월일생시 손금 관상까지 모두를 종합해서 내려준 결론이 어린 시절 역술가가 풀어준 괘와 자구 하나 틀리지 않고 꼭 같았으니 세상에 이런 우연이 어디 있담.

그러니 별 수 없이 농번기의 황소처럼 엄청난 노력을 해야하고 고생하지만 말년에 찾아오는 휴식과 행복이란 내용이 내 인생의 무슨 등식처럼 의식화되고 적용되어 그만 뇌리에 꽉 박혀버린 것이다.

자신을 뙤약볕 아래 엄청난 일이 밀려 땀을 흘려도 쟁기를 끌며 논갈이하는 소라고 생각하며 참고 견디기도 했다. 불평 불만도 있었지만 소처럼 유순하게 시키는대로 해야 할 일을 열심히 해야 한다는 생각으로 결코 나서거나 주장하지 않았다.

더구나 윗사람에게 반대하거나 배신하는 행위는 꿈에도 생각할 수 없었다. 여물도 있는 것 주는 것 그것으로 만족했고 더 달라 요구하고 욕심낼 줄도 몰랐다. 다만 농사가 잘 되어 대풍년이 되었으면 하는 그런 마음으로 살아왔던 것이다.

지금 눈 감고 회상해 보면 내가 소인 듯 내 스스로가 소가 되어 소처럼 억척스럽게, 소처럼 바보같이, 소처럼 천박한 그런 인생을 살아 온 것이 틀림없다.

이제 곧 일흔이 되고 은퇴할 시간이 된 것 같다. 그 동안의 생활을 지켜 본 사람들, 이웃들, 친구들, 더구나 늙기 전에 독립 개업하라고 선의의 권유를 하던 사람들은 사뭇 놀라워한다.

"권형, 참 대단합니다. 그러고도 아이들 잘 키웠으니……."

"열심히 살아서 그런가. 늙지도 않았네."

어쩌면 듣기 좋으라고 칭찬하고 덕담을 해 주지만 좋게는 위로의 말로 들리고 심하게는 비꼬는 말로 들리기도 한다. 해는 서산에 걸렸는데 나의 남은 인생은 정녕 휴식이고 기쁨이고 행복일까.

나는 아니라고 고개를 젓는다.

그저 아이들 뒷바라지 했을 뿐이고 이제는 다 품 속을 떠나갔다. 이제 등이라도 긁어주면서 불쌍해서 함께 살아야하는 아내와 단 두 사람이니 당연히 우리에게 남은 것이라곤 외로움과 고독과 병마와 이별 뿐 아니겠는가.

아니 아니 그럴 순 없지. 체념하고 순응하기엔 아직 열정이 남아 있고 못다 한 아쉬움이 너무 많단 말이다. 아직은 아름다운 아내와 한 20년은 더 사랑하고 즐기면서 발전하는 아이들 지켜보고 싶다. 또 자라는 손자 손녀들 재롱 즐기며 아름다운 황혼, 황홀한 풍경을 여유롭게 바라보아야지. 역시 내 인생 내 운명의 신조는 착한 양심, 불같은 노력 그리고 지칠 줄 모르는 끈기 아니던가.

이제 노쇠하여 천대 받는 황소가 마지막으로 할 수 있는 봉사는 무엇일까. 그래, 육신과 영혼을 불살라 세상을 즐겁고 기쁘게 해줄 마지막 봉사. 아직 못 차린 잔치 하나가 남아 있는 것 아닌가.

그래, 이제부터 행복한 최후, 마지막 나의 잔치를 준비하자.

땀 흘리며 살았다. 하지만 내 인생은 즐거웠다.

나는 정축생 소띠 인생.

나의 성공 나의 실패

"40년동안이나 판매업에 종사하면서 돈을 만졌겠다, 그것도 악착같이 열심히 하고 성실하게 노력했다면 지금쯤은 부자가 되었을 텐데 좀 쉬면서 세상을 즐기며 살아도 되는 것 아닙니까?"

이런 엉뚱한 인사를 여러 번 받았다. 특히 많은 거래를 해 온 농협 계통의 부장, 전무님들로부터 지나치게 공손한 덕담을 많이 듣는다. 가만히 생각해 보면, "그만큼 벌었으면 되었지 무얼 더 욕심 내서 악착같이 사는가" 라는 비아냥거림 같아 괜히 기분이 상하기도 한다. 그 때마다 나의 한결같은 대답은 "소일거리로 점포를 지키고 있습니다" 라는 극히 의례적인 인사로 대화를 마친다.

나는 부자가 아니라도 남들이 부자라 보아 주는 것은 기분 좋은 일이다. 부자의 기준을 꼭 금전적인 것으로만 따지면 나 같은 놈은 얼굴 들고 다닐 형편도 아니지만 가정의 평화와 화목, 아이들의 성장, 구걸 하지 않을 정도의 생활, 즐거운 일과와 건강 등을 생각하면 나도 초라하지 않게 제법 가진 부자가 아닌가 하는 착각에 빠지곤 한다. 욕심도 없이 허욕도 없이 작은 것에 만족하는 마음의 평화가 최고라는 신념은 지금까지도 한결같다.

한 겨울 긴 긴 밤에 잠 못 이루고 뒤척이면서 나의 성공 나의 실패에 대해서 곰곰이 생각해 본 일이 있다.

내 인생 최고의 성공, 최대의 실패는 과연 무엇일까. 누가 알아주지 않는 농약 판매업에 평생을 종사한 사람으로서 남들처럼 재물을 모은 것도 아니고, 지위가 오른 것도 아니고, 명예를 얻은 것도 아니라면 무슨 출세와 성공이 있다 할 수 있을까.

못 배우고 능력 없었던 것도 내 탓이고, 욕심 없이 주저 앉아 허송 세월 한 것도 내 탓이다. 실패가 두려워 한 번도 도전하고 발버둥쳐 보지 못한 것이 모두 내 탓이려니 생각하니 인간적으로 부끄러워지면서 때늦은 후회로 가슴을 치기도 한다.

흔히 재산과 지위와 출세로 성공을 말하는 세상에 나 같은 못난이가 무엇을 성공이라 내세우랴마는, 잠시 마음을 가다듬고 보면 나도 남들에게 자랑스럽게 내세울 수 있는 소박하고 진솔한 자랑, 아니면 조그마한 성공 같은 것도 통 없지 않다고 본다.

어쩌면 이 세상에서 가장 가난했던 것 같은 부부가 빈 주먹으로 살아오면서 가슴 고이 간직했던 작은 꿈, 아름다운 소망, 땀 흘리며 키워온 희망 같은 것이 이제는 거의 이루어진 것 같기 때문이다. 욕심도 버리고 대망도 버리고 야심도 없이 그저 조그마한 집 하나 지니고 아이들 대학만 무사히 마칠 수 있기를 소망 하면서 아내와 밤새워 걱정하던 그 꿈은 벌써 이루어진 것 아닌가.

아내와 내가 기도하 듯 가슴에 품었던 소망이 이렇게 소박하고 적은 것이었기에 오늘날 이루어진 이 조그마한 만족도 더 할 수 없는 기쁨과 보람을 주고 있지 않는가. 큰 부자나 높은 자리를 희망하며 대망을 가슴에 품었더라면 오늘날 나의 처지는 얼마나 초라하고 가슴 아픈 실패의 상처를 받았을 것인가.

지금 이 순간 별 다른 걱정 없이 세상을 밝게 보면서 하늘 아래 부끄럼 없이 누구에게나 떳떳할 수 있고 마음의 평화, 생활의 기쁨, 가정의 화목을 가졌다면 어느 누가 나를 감히 실패했다 할 것인가.

건강한 아내와의 노후, 성실하고 발전적인 아이들의 생활, 나윤이, 나현이, 영진이, 태훈이의 재롱과 앞으로 태어날 손자 손녀들. 현재로는 더 욕심이 없다. 재물이야 열심히 살다 보면 그 만큼은 모인다. 지위나 명성도 착하게 하면 얻어지는 것이고 더 노력하면 명예와 권위도 생긴다.

어쩌면 바보스러울 만큼 우직하고 성실하게 살아 온 아내와 나에게 화목한 가정과 즐거운 생활은 분명 성공이고 축복이다. 조그마한 집 하나, 사회에 봉사하는 아이들의 성장 등은 우리들 소중한 소망의 이룸이고 성공이다. 재물과 지위를 거론하며 비교하고 차별하는 사람들과는 아예 어울리지 않으면 되는 것이다. 무엇이 부럽고 무엇이 두려울 것인가.

그럼 내 인생 최대의 실패는 무엇인가.

옹졸하게 부자가 못 된 것이 실패라면 현재의 내 생활을 성공이라 했던 것을 부인하는 꼴이 되어 이율배반이 되고 자가당착이 된다. 그래서 치사스럽게 금전적인 것을 실패라 하긴 싫다. 재산 없음을 실패라 한다면 나 자신이 얼마나 부끄럽고 초라할 것이며, 세상의 시선을 또 얼마나 차갑게 느낄 것인가. 애당초 큰 돈 욕심 내지 않았으니 절대 재물 없음은 나의 실패가 아니다. 그럼 무엇이 나의 실패인가.

친구! 나는 서슴없이 친구라고 말하고 싶다. 부끄러운 이야기지만 나는 친구가 없다. 우정을 나누고 아픔도 기쁨도 함께 할 친구가 없다. 어렵고 힘겨워 주저 앉고 싶을 때 따뜻한 말 한마디로 용기를 북돋워 줄 수 있는 친구가 없다. 외롭고 슬퍼 울고 싶을 때 소주 한잔 나누면서 함께 통곡이라도 해 줄 수 있는 친구가 없다. 나약하고 태만해지면 불같은 충고로 인내와 분발을 질타해 줄 수 있는 그런 친구가 하나도 없다.

국민학교 중학교 동창들 이름도 잊었고 얼굴도 잊었다. 결속력이 가장 강하다는 고등학교 동창들도 반 백 년 세월이 흘렀으니 몇 몇을 기억할 뿐 아름다운 추억만 남아 있다. 그들은 모두 대구에 있고, 나는 진주에서 생업에 종사하느라 만나지 못했으니 잊혀져 가야 하는 것은 당연한 일 아닌가. 더구나 가난을 숨기려 일부러 진주에 숨어 살 듯 하였으니 무슨 친구가 있으며 무슨 우정이 있었으랴.

만나지 못하고 만나지 않으면 친구가 아니다. 만나야 대화가 되고 우정도 샘솟고 기쁨도 슬픔도 함께 할 수 있다. 바쁘고 멀리 있다는 핑계로 동창회에도 못 나갔다면 모든 허물과 이유가 나에게 있음이 분명한 데 친구 없음을 가슴 아파 한들 무슨 소용이랴.

살면서 친구가 생기기도 한다. 이웃 사촌이란 말이 있지만 아파트 생활에서의 이웃은 만나지 못하는 남남이다. 로타리 클럽, 라이온스 클럽에 입회하면 친구도 얻고 사회 생활에 활력이 된다지만 그것도 젊어서는 형편이 안 되었고 이제는 늙어서 안 된다.

집안 행사 때 만나는 친척들, 거래 때문에 만나는 메이커 직원과 거래처 사장들, 농사 일로 만나는 고객과 같은 업종에 있기 때문에 만나서 술 마시고 고스톱 치는 동업자들, 모두들 친구처럼 친구인 척 만나곤 해도 그들은 친구가 아니다. 친척이고 직원이고 고객이고 업자일 뿐이다. 항상 주고 받는 이야기는 산술적이고 상업적이라 이익이 먼저고 계산이 앞서니 우정이나 이해가 있을 리 없다.

가난할 때 고생을 같이 하던 친구를 '빈천지교(貧賤之交)'라 한다. 그러나 그런 친구들도 모진 생활고에 세상을 떠나고 두 세 명만 남아서 세월의 덧없음을 실감하고 있다. 영원한 우정을 맹세하던 친구들, 칠우회도 있었고 삼총사도 있었지만 모두들 헤어지니 그만이고 만나지 못하니 남남이다.

30년, 40년을 헤어져 살면서도 그립고 보고파서 가슴이 뜨거워지지만, 새삼스레 이제 와서 우정이니 친구니 하는 것이 벗들에 대한 모독인 것 같아 아예 가슴 깊이 옛 추억과 그리움 그리고 서글퍼지는 감정을 같이 묻어두고 지낸다.

그러고 보면 매일 수영장에서 만난 손 아래 사람들과 형님 아우 하면서 잘도 어울려 즐겁게 쏘다니는 아내는 정말 행복한 사람이다. 오후에는 동년배의 또 다른 그룹이 있어 함께 모여 웃고 즐기며 그렇게 행복하고 기쁠 수 없다니 얼마나 다행한 일인가.

하나 둘이면 족하다는 친구!

열이고 백이고 많을수록 좋다는 친구!

이제부터라도 친구를 찾고 친구를 만들자. 어디엔가 나 같은 외톨박이가 친구를 갈망하고 있지 않을까. 앞으로의 나의 인생 어쩌면 새 친구를 만나면서 새로운 즐거움이 시작될 수도 있지 않을까.

저축 6880원

6880원은 큰 돈이 아니다. 설렁탕 한 그릇에 소주 한 잔 점심 값으로도 부족한 금액이다. 그런데 그것도 한 달에 6880원이라면 이는 너무나 미미한 금액이다. 지금 이 세상에 한 달에 6880원을 저축한다면 누구나 피식 웃고 말 것이다. 그러나 20년 동안을 저축했다면 그 정성, 그 노력이 너무나 눈물겨운 것 아닌가.

20년은 240개월, 7300일이다. 그 긴긴 세월 동안 말 한마디 없이 어쩌면 부끄럽기까지 할만한 푼돈을 저축했다면 너무나 장하고 그 끈기가 가상하지 않을 수 없다.

오늘 아침 아내가 내민 통장 하나를 받아들고 눈물이 핑 돌았다. 주택은행 중장기 주택부금 매월 6880원 불입. 1980년 11월 29일 시작해서 2000년 11월 29일 만기인 20년 즉, 240개월의 납입이 끝나고 오늘이 그 부금을 찾는 날이란다.

"와, 이걸 20년이나 넣었나?"

"네, 당신 20년이 몇 달인 지 압니까?"

"왜 몰라. 240개월, 이건 너무 긴 세월인데."

"맞심더. 그걸 내가 한 번도 안 빠지고 넣었거든예. 오늘 같이 가서 찾읍시더. 얼마나 될는 지."

아내의 눈가에도 눈물이 고여 있었다. 이처럼 착하고 야무진 사람이 세상에 어디 있을까 하고 감탄하면서, 좋은 아내를 두었구나 하는 행복감에 흐뭇했다.

요사이는 6880원이 푼돈이지만 20년 전 처음 시작할 때의 우리 형편에는 생활 자체가 부담스러워 큰 돈이었고 한 푼이라도 모으지 않으면 이루어지는 것도 없다는 생각에 이를 악물었다 한다. 남아 도는 여유가 없는 생활에서 무조건 불입하고 없으면 안 쓰고, 안 먹으며 독한 마음으로 버텨 나왔다고 한다. 해약해야겠다는 유혹도 있었지만 저축 없이는 자립도 없고, 희망도 발전도 아이들 교육도 없다는 생각 뿐이었다고 그 때를 회고한다.

내 명의로 되어 있기에 아내와 함께 은행에 가서 찾은 돈은 놀랍게도 그 금액이 세금 빼고 9,697,904원이었다. '저축 만세' 라고 고함이라도 지르고 싶었다. 푼돈 저축이 이렇게 큰 목돈이 된다니 저축의 위력이 얼마나 큰 것인 지 아내도 놀랐고 나도 놀랐다. 함께 기뻐해 주며 축하해 주는 아가씨의 미소도 즐거움이었다. 따뜻한 커피까지 대접 받고 보니 세상 부러울 것 없는 부자가 된 기분이다.

"삼천원 짜리 자장면만 드시지 말고 좀 맛있는 점심 드시고, 술신세 진 사람에게 소주 한 잔이라도 사이소."

아내는 오십 만 원의 거금을 선뜻 떼어준다. 이런 기분 좋은 일이 어디 있나.

"그리고 이 돈 어디에 쓸 건 지 묻지 마이소."

구백 만 원이라면 우리 형편에 큰 돈이지만 어디에 쓸 건 지 물어 볼 이유도 없고 필요도 없다. 또 몇 년 후 무엇으로 나를 기쁘게 해 줄 것인 지, 어느 은행 무슨 적금에 얼마를 들 것인 지, 아내를 믿는 마음이 든든하기만 하다.

적은 금액이라 부끄러워했다면 무슨 저축이 되었을까. 중도에 포기했다면 한 푼도 손에 쥐는 것 없었을 것 아닌가. 내 눈높이대로 세상을 살면 되는 것, 내 형편대로 한 푼이라도 모아야 내 것이 되는 것 아닌가. 나는 아내의 그 집념 그 정성이 우리 가정의 화목과 평화를 지켜주는 원동력이라 생각한다. 아내에게 뜨거운 박수와 감사를 보낸다.

저축과 아내, 아내와 저축을 생각하면 할수록 고마운 일이고 즐거운 일이고 자랑할 일이라 하루 종일 즐겁고 기쁜 마음이다. 그래서 내 인생도 즐거운 것이고 아직은 희망이 있는 것 아닌가.

와! 역시 내 아내는 대단한 여자다.

좌절의 순간들

사람이 한 세상을 사는데 어찌 기쁨과 행복만 있을 것인가. 당연히 슬픔과 아픔도 있고 좌절과 절망의 순간도 있을 수 있다. 슬픔과 아픔은 이기면 되고 잊으면 되지만 좌절과 절망은 좀처럼 헤어나기가 쉽지 않다.

좌절과 절망의 늪에서 허우적거리다 인생 낙오자로 사라져 간 사람들의 면면을 생각해 본다. 연민의 정과 함께 역시 인간은 어떤 역경 속에서도 용기와 희망을 버리지 말아야 함을 뼈저리게 느끼고 있다.

쉽게 희망을 버리고 쉽게 포기하는 인생을 수 없이 보아오면서 나약한 인간의 심성을 애달파 하기도 한다. 하지만 쉽게 포기하는 것은 용기 없는 사람들이나 집념 없는 사람들의 편리한 현실 도피와 은둔의 방법이 아닌가 하는 생각도 해 본다.

나 자신 평생을 어렵게 살았으니 실망과 실패, 좌절과 절망의 순간들이 얼마나 많았을까. 지금 찬찬히 생각해 보면 내 인생 전체가 실망과 실패 그래서 좌절과 절망의 연속이었다 해도 과언이 아니다. 천 근 만 근 무거운 발걸음, 생활은 항상 밑바닥이었지만 학교 다니는 아이들의 맑은 눈동자를 바라보면서 그래도 꿈과 희망을 안게 되었고 의욕과 용기도 갖게 되었다.

절망과 좌절 같은 것은 어느 날 예고 없이 갑자기 닥쳐온다. 그 날도 마찬가지 였다. 생각하고 싶지 않은 순간이다.

1990년 가을 어느 날 오후 2시 경, 그 날은 궂은 가을비가 철철 내리고 있었다. 점심 한 그릇을 맛있게 먹고 출장길에 나선 산청 국도에서 일은 벌어졌다. 순식간에 과속과 중앙선 침범으로 우리 차선으로 돌진해 온 대형 트럭에 일행이 탄 작은 차는 형체도 없이 찌그러졌다.

충돌 순간 앗! 하면서 몸을 옆으로 뒤틀었는데 하늘이 도왔는가 신의 섭리인가, 아니면 우연의 일치일까 문이 열리면서 어쩌다 그 날 맨 안전벨트에 몸이 매어 달린 채 문밖에 붕하고 떠 있는 나를 발견했다. 차체는 형편없이 구겨지고 착하고 어진 청춘 문 기사는 현장에서 죽어가고 있었다.

나는 얼이 빠져 멍하니 있었는데 사람들이 끌어 내리고 한참 후에야 온 몸을 전류처럼 지나가는 뜨거운 기운에 확 정신이 들었다. 그 때서야 얼굴을 적시는 붉은 피를 느낄 수 있었다. 우리 기사 살려 달라고 통곡하다 쓰러졌는데 순간 어머니의 모습이 떠올랐다. 생전에 그토록 이 자식을 위해 손 모아 빌어 주셨던 어머니께서 꿈인 듯 생시인 듯 어서 일어나라고 손짓을 하고 계셨다.

나는 지금 이 순간도 생전 처음 안전벨트를 매게 한 것도 어머니셨고, 꿈에도 생각 못 할 절묘한 연출로 무참히 부서진 운전석에서 기적적으로 문을 열어 주신 것도 어머니셨다고 믿고 있다. 그 순간 무슨 힘 무슨 조화가 작용해서 옆문이 열렸을까를 생각하면, 인간의 생사가 순간에 있고 찰나에 있음을 알 수 있다. 기적의 존재도 새삼스레 믿게 되었다.

병원에서 이마와 무릎을 꿰매고 누워있는 동안, 가슴 아픈 충격에서 헤어나지 못하고 좌절과 절망 속에서 울기도 했었다. 이제 내 인생도 내리막이고 끝이구나, 아무 이룬 것도 없이 어두운 곳으로 잊혀져 가야 하는구나 하는 자포자기 같은 심정이었다.

그러나 11일 만에 퇴원하면서 버릇처럼 꿈과 희망을 다시 가슴에 안았다. 아내의 정성이 있었고 격려가 있었고 눈물이 있어 다시 용기를 갖지 않을 수 없었고, 팔 다리에 다시금 힘이 솟구치고 있었다.

사고의 후유 증상인 어지럼증 때문에 전봇대를 안고 하늘이 빙빙 돈다고 울부짖기를 몇 번이나 했는 지 모른다. 그 때마다 아이들 그냥 두고 주저 앉기 싫어 어떤 어려움도 이기려 노력했다. 새벽길을 뛰고 달리며 건강 회복에 땀도 많이 흘렸다.

적당한 운동과 즐거운 마음으로 근심 걱정 불안 초조 공포 열등감 생활고 등 모든 스트레스 악조건 다 이겨냈다. 다시금 대지 위에 꿋꿋이 서서 밝게 웃을 수 있다는 것, 좌절과 절망을 이기고 나면 더 없이 아름다운 값진 인생이 펼쳐진다는 것을 알게 되었다.

허무하게 사라져 갈 뻔했던 대형 참사에서도 이마에 흉터 하나 무릎에 흉터 하나일 뿐 육신이 멀쩡하다면 이 얼마나 큰 은혜이고 행운인가. 어머니의 고마운 음덕과 하느님의 은총에 감사하는 마음 뿐이다.

두 번째 시련도 예고 없이 어느 날 갑자기 닥쳐왔다.

아침 식사 후 출근 준비 중인데 거울을 보니 얼굴이 좀 달라졌다. 아내를 급히 불렀다.

"내 얼굴 어떻노?"
아내가 깜짝 놀란다. 입 언저리가 돌아가고 있었다.
대학병원에 근무하는 큰 아이에게 전화를 했더니 즉시 병원으로 오란다. 세심한 검진과 CT, MRI 등 정밀검사를 다 마쳤는데 우려했던 중풍 증상은 아니고 별 것 아닌 안면신경마비라 한다.
"아버지, 한 달이면 완전 정상이 됩니다. 걱정 마십시오."
자신 있는 말에 안심은 되었지만 기분은 착 가라앉아 있었다. 약을 먹고 누워 있으니 별의 별 생각이 다 들었다. 과로 감기 찬 바람 등 삼박자가 합쳐 생기는 증상이란다. 이제 입이 돌아갔으니 어느 누구를 만날 수 있을까, 며느리 얼굴은 어이 보며 출근은 어찌 하나 하는 생각에 절망과 무기력까지 함께 덮쳐 왔다.
600호 넘는 아파트 단지에서 나처럼 아침 운동 열심인 사람이 없는데 이웃들은 얼마나 웃을까, 얼마나 입방아에 오르내릴까 생각하니 미칠 지경이었다.
큰 아이는 완전 회복을 장담하며 불안한 내 심정을 달래준다. 그래, 주치의가 내 아들인데 아들 말을 못 믿어서야 되겠나 한 달 후라니 확신을 갖자. 좌절이니 절망이니 바보 같은 생각은 하지 말고 꿈과 희망 용기를 갖자.
그래서 다음 날부터 출근을 했다. 마스크 한 채로 고객을 맞고 대화도 하고 아무런 불편이 없다.
"이가 아파 두 개를 뽑았는데 많이 부었지예."
묻기 전에 내가 먼저 편리한 말로 거짓 변명을 했는데 모두들 정말로 믿어 준다. 손님들과 담소하고 식사 할 때도 내 연기가 괜찮았는데 와사증으로 아는 사람은 없다. 하지만 퇴근 해서는 달라진 내 얼굴을 보며 눈물을 흘리며 또 실망하고 절망하면서 마음 고생에 밤잠도 이룰 수 없었다.

매형이 만들어 준 오동나무 y자 가지를 입에 걸고 고무줄로 귀를 매어 당겨놓고 밤새워 기도하곤 했다.

"어머니, 이번에도 도와 주십시오. 하느님 제 입만 돌려 주시면 절대 거짓 없는 착한 삶을 살겠습니다."

역시 어머니의 사랑인가 하느님의 은혜일까 아니면 큰 아이의 처방 치료가 좋았던 것일까. 열흘 정도부터 풀리기 시작한 입이 한달 후에는 정말 감쪽같이 원상 회복이 된 것이다. 지금도 오동나무 y자 가지는 그 날의 아픔을 말해주는 증거물이 되고 전리품이 되어 화장대 거울 위에 걸려 있다.

역시 세상은 아름답고 인생은 살만한 값어치가 있는 것이다. 좌절과 절망 속에서 항상 기도하고 맹세한 말은 이 어려움만 이기게 해주시면 이 생명 앞으로는 덤으로 알고 세상을 위해 착한 일 많이 하고 열심히 살겠다는 것이다. 그러나 아직 아무런 선행도 못하고 보은도 잊은 채 빚만 지고 있는 셈이다.

지금도 생각하는 건 용기와 희망을 버리지 않는 한 인간은 좌절과 절망에 굴복하지 않는다는 것이다. 때로는 절망하고 좌절하기도 하지만 이를 떨쳐 버리고 더 큰 노력과 집념으로 기쁨과 행복을 다져가는 것이 인생이고 인간이다.

이제 벌써 인생 황혼이다. 병마와 외로움과 이별만이 남은 인생이지만 정녕 우리들의 노후는 어둠 뿐인가. 앞으로 또 얼마나 많은 좌절과 절망이 우리 마음을 찢어 놓을 것인가.

그러나 나는 믿고 자신한다. 병마가 닥쳐도 당당히 맞설 것이고 외로움이 몰려 와도 이겨 갈 것이며, 어떤 가슴 아픈 이별도 이겨 나갈 것이다. 이것이 인간의 길이려니 우리의 인생이려니 하고 담담하고 의연하게 살아 갈 것이다. 언젠가 힘이 다하여 쓰러지는 날에도 내 운명이 다하여 또 다른 인연을 찾아 먼 여행을 떠나는 것으로 알고 기쁜 얼굴로 떠날 것임을 다짐해 본다.

만약 그 때 내가

If I had + 과거분사. '만약 내가 ○○했더라면 □□했을 텐데…' 라는 표현을 쓸 때 하는 영어 공식이다. 과거의 어떤 사실에 대해 그 반함을 알면서 하는 가정을 말한다.

내가 만약 그 때 그 뚱뚱이 처녀와 결혼 했더라면, 내가 만약 시나리오 공부를 계속 했더라면 지금은 이렇게 되어 있지 않고 어떻게 되어 있을 텐데 하는 영문법상의 가정법을 말한다.

인생은 수많은 고비와 기회, 시행착오와 실패가 계속되는 장거리 달리기와 같은 것이다. 그 역정에는 수많은 '만약' 이 있게 마련이다. 그 순간 그 고비에 내가 이랬었다면 저렇게 되어 있을 텐데 저랬었다면 이렇게 되어 있을 텐데 하고 아쉬워하는 순간도 많을 것이다. 오히려 전화위복이 되어 차라리 그 때 그렇게 하지 않았던 것이 정말 행운이 되어 오늘의 나를 있게 해 주었구나 하는 순간도 있을 것이다.

죽어봐야 저승을 알 터인데 죽지 않아 저승을 모르는 것이 인생이다. 그 당시로는 어느 길이 옳은 지 알 수 없어 망설이며 이것 저것 저울질 해 보던 운명의 갈림길에서 얼마나 많은 고민과 번뇌로 밤을 세웠었나. 역시 우리 인간은 한 치 앞도 모른 채 살아 봐야 인생을 아는 그런 삶을 살고 있는 것 아닌가.

꿈도 희망도 없었던 것 같은 가난과 좌절 속에 꽃다운 청춘을 보냈으니 무슨 원대한 목표나 철학이 있었을 리 없지만 그래도 나에게는 마음만 먹었다면 조금만 더 노력했었다면 될 법도 했고 이룰 수도 있었을 것 같은 몇 번의 기회나 고비가 있었다. 엉뚱한 이야기가 아니고 가능하기도 했고, 될 수 있을 법도 했던 그 다섯 번의 그 때 그 순간을 회상해 보고 싶다.

나는 고등학교 졸업을 앞두고 그 당시 특차였던 공군사관학교 생도 모집에 응시를 했었다. 20여 명이 응시를 했는데 일차 학과 시험에 나 혼자 붙었다. 교장 선생님도 나를 불러 격려해 주시고 해서 용기 백배 이차 시험에 응했다.

면접은 좋았는데 정밀 체력검사가 문제였다. 이 하나 썩은 걸 돌팔이에게 뚜껑 해 덮었던 게 감점 요인이었다. 또 평행봉이나 턱걸이는 좀 했는데 처음 마주친 내 키 높이의 뜀틀 앞에서는 그만 발이 얼어붙고 말았다. 어느 누가 조언만 해 주었거나 비슷한 정보만 알았더라도 좀 대비하고 연습했을 텐데 그만 무비유한이 되고 말았다.

만약 그 때 미리 준비하고 연마해서 합격했더라면 내 인생 나의 역사도 다른 모습이 아니었을까 하는 생각에 무척 아쉽기도 하다.

요사이도 옛 동창을 만나면 공사를 갔는데 언제 전역했느냐고 인사를 받을 때가 있다. 나의 실패담을 듣고는 모두들 가슴 아파하곤 한다.

나는 자격시험을 치고 공군에 지원 입대를 했다. 신병 교육을 마치자 40명을 불러냈는데 며칠 전 치른 영어 시험에서 성적순으로 뽑혔다 했다. 처음 배속 받은 곳이 수원기지의 ○○부대였는데 레이더 오퍼레이터 교육이라면서 ABCD와 1234를 거꾸로 뒤집어 쓰는 것부터 배우고 군사 영어로 'over', 'roger'가 포함된 영어 문장을 수 없이 외우는 교육을 받았다. 수료증과 수석 상장을 받고 강릉기지 레이더 싸이트에 보직을 받았다.

기후 불순에다 눈 많고 바람 많은 곳이라 추위나 사역 등 졸병 생활의 어려움은 엄청난 것이었다. 그런데 더 견딜 수 없는 것은 기합이었다. 빠따를 치는데 저녁마다 기수별 줄줄이 기합을 안 받는 날이 없었다. 몇 달이 지나면서 후배들도 생기고 좀 나아졌지만 원산폭격에 빠따 치기는 계속 되었고 그 중에 제일 못 할 짓은 후배들을 내가 쳐야 한다는 것이었다.

그 때 직업 하사관 지원이 많았는데 근무 성적도 우수하니 지원만 하면 미국 공군기술병 학교에 6개월 유학 보내고 레이더 운용의 핵심 요원으로 우대한다고 했다. 어려운 가정 형편 생각해서 몇 번이나 지원을 망설였는데 맞고 때려야 하는 기합 때문에 결국 군대 생활 하루 속히 마쳐야겠다는 결론에 도달했던 것이다.

만약 그 때 직업 군인이 되었더라면 그 이후 처우가 굉장히 좋아졌으니 물론 지금의 나 보다는 훨씬 발전적인 인생을 살지 않았을까 하고 생각 해 본다.

제대를 하고는 경찰관 시험 공무원 시험 등을 여러 번 보았다. 그런데 그 때마다 모두 실패했다. 키 165cm 이상이라는 당시 경찰관의 체격 조건에 내 키가 163cm라 떨어졌다. 그 때부터 경찰관들의 키를 나와 견주어 보는 버릇이 생겼는데 나보다 작은 키의 사람들도 제법 있다는 데 놀라지 않을 수 없었다.

공사 시험에 합격한 놈이 공무원 시험에 낙방이라니 웬 일이냐며 말도 안 된다고 친구들이 흥분하곤 했지만 내 실력이 모자랐고 낙방은 곧 실패인데 변명한 들 무슨 소용이람. 사돈 팔촌의 친구 처남의 당숙이 경찰서 경찰관이나 면 서기만 되어도 줄이 되고 빽이 되던 시절에 어느 누구 하나 아는 사람 없었으니 어느 누굴 원망 할 수도 없었다.

곰곰이 생각해도 나 자신이 '아더메치유(아니꼽고 더럽고 메스껍고 치사하고 유치하고)' 해서 빈 손 맨 주먹으로 무엇인가 도전하고 싶어 궁리를 하다가 소설을 쓸까 했는데 배운 게 없으니 너무 어렵고 결국 시나리오를 쓰기로 했었다.

배운 일 없고 기초 이론도 몰랐지만 영화를 무척 즐기던 터라 시나리오 작법 두어 권 사다 읽고 최금동, 하유상, 유한철 등 당시 최고 작가들의 작품을 열심히 구해 독파하며 틈틈이 습작을 했었다. 열 편 정도 습작을 해보니 시나리오의 실체를 알 것 같고 제법 그럴 듯한 작품을 쓸 수 있을 것만 같았다.

그 때 충무로 영화가에 안면이 있는 감독 한 분이 계셨는데 감히 작품이랍시고 써 보낸 것이 '휴전선' 이었다.

"남남과 북녀는 서로 사랑하는 사이. 해방이 되고 삼팔선이 생기고 6.25가 터지고 남남북녀로 갈라진 두 연인. 휴전이 임박한 상황에서 남남은 중대장이 되어 있고, 북녀는 야전 병원 간호 장교가 되어 전투가 치열한 전선 양쪽에서 서로를 그리워한다.

옛날 사랑을 속삭이던 뒷산은 전략 요충지가 되어 뺏고 빼앗기는 전투가 치열한데 그 소나무 뿌리 밑에 사랑의 메시지를 숨겨 서로의 생사와 그리움 그리고 전쟁의 아픔을 전한다. 사랑의 소식을 알기 위해 탈환하고 그리움을 전하기 위해 후퇴하기를 몇 번, 결국 김 대위는 이적죄와 명령불복종으로 군법회의에 회부된다.

휴전회담이 막바지에 이르자 전략적인 요충지 확보가 절대 필요한 사령부에선 김 대위에게 면책 사면을 조건으로 뒷산 탈환을 명령한다. 치열한 전투 중대원들은 무더기로 죽어가는데 휴전 협정 조인 전투 중지명령이 하달된다. 사격중지를 명령하고 전방을 주시하는 김 대위. 대치 속의 정적. 북쪽에선 총성을 울리며 달려오는 그림자. 아군도 응사. 치열한 총격전이 벌어진다.

사격중지를 외치며 달려나가는 김 대위. 쌍방포화가 작열한다. 쓰러지는 두 사람. 피투성이가 되어 쓸어 안지만 사랑한다는 말 한마디 못하고 죽어간다. 아름다운 사랑, 전쟁의 비극, 민족의 아픔, 누가 이들을 죽였나. 조국인가 체제인가 사상인가. 오늘도 휴전선은 녹 쓴 철조망인 채 민족의 심장을 찌르고 있다.”

이렇게 가슴 아픈 내용이었는데 전투 씬이 너무 많고 스케일이 너무 커서 당시로는 영화화 같은 것은 엄두도 못 낼 내용이었다. 아니나 다를까 내용은 좀 수정하면 되지만 전투 씬이나 등장 인물이 너무 많고 제작비가 엄청나서 도저히 영화화 하기에 부적절 하다는 애기를 듣게 되었다.

용기 백배 계속 시나리오 공부를 하고 싶었지만 배가 고픈데 바보처럼 허송 세월 하면서 실업자로 늙을 수는 없지 않느냐는 시선과 입방아 때문에 원고지를 태워버리고 말았었다.

만약 그 때 내가 시나리오 공부를 한 우물 파 듯 끝까지 계속 했더라면 영화계에 진출이 가능 했을까. 아니면 한 평생 펜대만 잡고 고생하다가 잊혀져 가버린 패배자가 되었을까. 가슴 아픈 인생이지만 역시 알 수 없는 것이 우리들 인생 아닌가.

나이가 들어 결혼 적령기에 들었는데 가세가 기울고 아버지마저 중풍으로 누워계시고 생활이 엉망인데 누구 하나 장가 들려는 사람이 없었다. 그 때 이웃 어느 분이 선을 한 번 보라는 간곡한 권유를 해 왔다. 재력도 제법 있고 부동산도 많이 가진 사람이라면서 불로동 큰 고개 부근 집에서 맞선을 보았다.

처녀는 몽땅하게 키가 작고 살이 쪄서 도저히 여성으로서의 매력이나 교양이 있어 보이지 않았다. 성사만 되면 논밭도 떼어주고 집도 사주고 칠성시장에 점포 개업까지 해 준다는 사탕발림이 있었지만 아무 대답없이 씁쓰레 웃고 말았다. 가난한 형편이었으니 한 밑천 준다면 쉽게 성사되지 않겠나 하고 계산들 한 모양인데 지금 생각해도 그 혼인 마다하고 돌아 선 것은 정말 잘 한 것 같다.

만약 그 때 그 아가씨와 결혼했더라면 지금 보다 더 즐거운 인생을 살고 있을까. 과연 부자가 되어 남 부러울 것 없는 팔자를 누리고 있을까.

옛 생각이 날 때마다 생각해 봐도 역시 대답 부정적이다. 지금의 아내를 못 만났을 것이고 자랑스런 우리 아이들도 없었을 터이니 그건 말도 안 되는 추측이고 가정 아닌가.

지금도 나는 재물이나 지위가 곧 행복이 아님을 절감하고 있다. 나의 이 주관은 아이들 혼사에 철저히 적용되고 지켜졌음을 자랑스럽고 기쁘게 생각하고 있다.

나는 한 직장에서 40년이란 세월을 근무했다. 상무가 되고 전무가 되어 부사장이 되고 하는 직장이 아니고 조그마한 점포의 직원으로 꿈도 없고 욕심도 없이 그렇게 일했다. 얄팍한 월급 봉투에서 한 푼이라도 저축하려니 어렵게 살아가는 아내가 측은하고 자라나는 세 아이의 교육을 생각해서 독립해 무언가 시작해야 한다는 생각을 안 해 본 것은 아니었다.

아이들 자라서 중 · 고생이 되었을 때도 쓰일 곳은 많고 어려움이 많아 개업을 하려고 마음을 굳히기도 했다. 그 때 장대동에 원협 공판장이 생겼는데 부근에 점포 몇 개가 비어 있었다. 전세금도 싸다면서 개업을 강력히 권유하던 분이 바로 굴바우 사모님이었다. 며칠 밤을 곰곰이 생각하다 결국은 독립을 포기하고 말았다. 당장 전셋돈 준비 할 방법도 없었고 또 셋방이라도 얻어 공짜로 있는 옥상 방을 비워 주어야 하는 부담도 있었다.

남도 아닌 외숙과 얼굴 붉히는 반목도 싫었다. 또 내가 있어야 점포 운영이 되는데 나 없이 점포는 어찌 하나 하는 쓸데없는 노파심에다 우선 다섯 식구 밥이라도 먹고 있으니 어쩔 수 없다는 현실적인 이유가 나의 발목을 잡았다.

한마디로 말해 무일푼 가진 게 없었고 어느 누구에게서 도움도 받을 수 없었기에 무슨 용기나 결단, 모험, 개척이나 도전의식 같은 걸 엄두도 내지 못했던 것이다.

그 후에도 여러 번 독립 개업의 권유나 유혹이 있었지만 나의 결심은 한결같이 흔들리지 않고 일편단심 민들레처럼 40년을 그렇게 살아왔다. 내가 일하던 점포가 점점 발전하고 사업 규모가 커져 더 큰 사명감을 가지게 되었다. 또 우선 내가 그 자리에 필요했고 다른 계획 같은 것은 생각도 못 할 만큼 바쁘게 살았기 때문이라 할 수 있다.

그 때 만약 독립 개업을 했더라면 오늘의 나와는 달리 제법 사회적인 지위나 권위도 생겼을 것이고 경제적으로도 좀 윤택해지고 여유가 생기지 않았겠나.

지금도 가슴 아프게 생각하는 친구 없음도 서러워하지 않았을 것이고 활발할 교류도 가능치 않았겠나 하며 때로는 후회도 해 본다. 뒤늦게 개업한 후배들이나 내가 직접 개업 알선 해 준 업자들이 모두 나름대로 발전하고 성공한 걸로 봐서 성실하고 열심히만 했다면 결코 실패하는 경우는 절대 없었을 것이란 증거가 되고도 남는 것 아닌가.

이렇게 내 인생에 다섯번의 '만약'을 살펴 보았다. 여기서 나는 내 인생의 중요한 교훈을 얻고 있다. 앞으로 내가 쓸 회고록에서 객관적인 내용을 상세히 쓰겠지만 가난을 편리한 핑계로 내세우면서도 내 실력 내 능력 내 용기가 모자랐다는 것을 반성한다. 그리고 기회 포착에 무능했고 도전 의식이나 성취 의욕이 너무나 결여되어 있었다는 사실에 큰 교훈을 얻고 있는 것이다.

인생에 필요한 것은 준비와 노력과 성취 아닌가. 현실에 안주해서 희망과 욕심을 버렸다면 너무나 무기력하고 진취적이지 못한 인생을 산 것 아닌가. 그러나 비록 가슴 아픈 실패이고 부끄러운 생활이었지만 그 험난한 여정 끝에 오늘의 내가 있고 가족이 있다고 생각하니 지난날의 그 후회 그 아픔이 그래도 내 인생 내 즐거운 생활에 어떤 밑거름이 되고 보탬이 되었음도 함께 지적하고 싶다.

간혹 평생을 그늘에 묻혀 널푼수 없이 살면서 자신의 꿈을 접어둔 채 열심히 남의 집만 지었다는 조소 같은 비아냥거림을 듣기도 한다. 할 말이 없다. 무어라 반박을 해야겠지만 말을 해서 무슨 소용이 있을 것인가. 그런데 세상이 무어라 해도 내가 지금 즐거운데 어쩌랴. 별다른 욕심도 없고 조그마한 소망 몇 개는 이루어졌기 때문이다.

이제 내 인생 더 이상의 '만약'은 없다. 이제 곧 퇴직이다. 귀중한 나의 여생 후회도 없이 아픔도 없이 더 이상 좌절도 없이 살아갈 생각이다. 내가 하고 싶었던 일 마음대로 하면서 멋진 라스트씬 행복한 피날레를 연출하면서 말이다.

그런데 지금도 주머니가 썰렁하니 어쩌나.

허허허. 역시 인생은 살아봐야 아는 거다.

친구여

꿈은 하늘에서 잠자고
추억은 구름따라 흐르고
친구여, 모습은 어디 갔나
그리운 친구여.

나의 18번은 조용필의 '친구여' 다. 가버린 친구, 변해버린 친구를 그리워하는 내용이 너무 좋아 노래방을 찾을 때마다 첫 곡으로 부르는 노래다. 특히 '슬픔도 기쁨도 외로움도 함께 했지' 라는 구절이 가슴을 뭉클하게 한다.

멀리 떨어져 그리워만 하면서 외톨이로 살아가는 외로움 때문일까. 아니면 가슴에 맺힌 추억과 그리움이 아직도 여울져 남아 있기 때문이겠지. 더러는 요절하고 몇 몇은 생활고에 폭삭 늙었다는 소식을 듣는다. 내가 대머리 노인으로 변했으니 친구들이 변했다는 것도 당연한 것이리라.

그러나 정녕 가슴 아픈 것은 친구를 두고도 못 만나는 것이요, 못 만나니 친구도 차츰 남남이 되어가는 현실이 안타까울 뿐이다. 한 해가 지나도 전화 한 번 없다면 친구가 아니다. 오 년 십 년이 흘러도 얼굴 한 번 못 보고 손 한 번 마주 잡지 못한다면 이는 친구가 아니다. 그래도 가슴 속 깊이 아직 꺼지지 않는 우정의 불씨를 살리고 추억의 끄나풀을 놓지 않으려 전화를 하곤 하지만 어쩌면 우정을 구걸하는 것 같은 생각에 그만 안부 전화도 끊게 되고 만다.

가난은 친구를 잃게 한다. 생존 경쟁에 허덕이는 사람이 우정을 내세우며 변함없는 대화와 왕래를 계속 할 시간적 물질적 여유가 없기 때문이다. 형편이 좋은 친구일수록 어려운 친구를 멀리하고 거북해 하며 망각 속에 묻어버리기 때문에 가슴 아픈 마음의 상처만 더 해 주게 된다.

이럴 경우 계속해서 왕래하면서 돕고 격려하고 어려움을 함께 하는 친구는 항상 비슷한 처지의 어렵고 가난한 벗들이다. 그래서 친구도 친구 나름이고 친구도 형편에 따라 지위나 재력에 따라 모이고 흩어진다.

우정을 나누던 친구가 모르는 사이에 성공하고 지위가 오르더니 슬며시 모임에서 벗어나 얼굴 한 번 볼 수 없는 경우를 종종 겪는다. 소주잔 나누면서 인생을 이야기 하고 아픔도 함께 하던 친구가 외제 승용차 타고 다니고 골프장을 찾고 양주를 마신다면 더 이상 옛날 같이 순결하고 진솔한 우정이 존속될 수가 없다. 그래서 많다면 거짓이고 하나 둘만 있어도 행복하다는 것이 친구다.

모두들 친구가 없다고들 한다. '나 혼자 많이 나부터 먼저' 라는 개인주의 사고에다 극심한 생존 경쟁에 시달리다 보니 나 자신이 좋은 친구가 되어 주지 못하는 경우가 많다. 내가 그러할진대 감히 친구 없음을 애달파 해서 될 것인가.

자연히 우정은 퇴색되고 왕래도 끊어지고 그만 잊혀져버린 흘려간 친구가 되고 만다. 누구 누구도 친구였는데 하며 옛 우정을 그리워하며 추억에 잠겨보는 것은 차라리 위안이기 보다는 슬픔이고 외로움이다.

이를 극복하기 위해서는 이 악물고 노력해서 성공하고 재력을 쌓고 이름을 얻어야 한다. 아니면 최소한 대등한 지위 확보가 필수 조건이다. 이것이 친구를 유지하고 친구를 모으는 최선의 방법이다.

그러나 재산과 지위를 보고 모이는 친구는 친구가 아니다. 그들에게 더 이상 우정의 진실과 순수를 찾아 볼 수 없기 때문이다. 죽마고우도 옛 말이고 빈천지교도 헛 말이다. 극심한 개인주의와 치열한 생존 경쟁, 너를 꺾어야 내가 사는 극한 상황에서 만날 시간도 없고 멀리 떨어져 있다면 친구의 우정은 아예 기대 할 필요가 없다.

나는 40년을 이 곳 진주에 혼자 떨어져 살았기 때문에 많은 친구를 잃었다. 그것을 내 인생 최고의 실패이며 가장 큰 슬픔이라 믿고 있다. 그러나 어쩌랴. 슬픔도 잊고 추억도 잊고 새로운 친구를 얻으면 되는 것, 변치 않을 우정을 함께 할 벗을 만나면 되는 것 아닌가.

오늘따라 밤비가 부슬부슬 내리는데 소주 한 잔 나눌 친구가 그립다. 서로 위로하고 격려하고 아픔과 기쁨을 함께 할 수 있는 친구가 그립다. 기다려도 기다려도 친구는 오지 않는데 혼자라도 노래방 가서 노래를 부를까.

친구여! 나의 친구여!

소 망

가난 속에서 참고 이겨나가야 할 어려움이 왜 그리 많았는지. 그 중 어머니의 눈물만은 견딜 수가 없었다. 자주 우신 건 아니었지만 혼자 계실 때는 사연도 많고 슬픔도 많은 가난을 눈물로 애달파 하셨나 보다.

자식들 마음 상할까봐 숨어서 우시곤 한 어머니의 눈물은 하나의 위로이고 위안이었는지 모른다. 어쩌면 가슴 시원해지는 청량제였을 것이다. 울면서 다짐하던 결심과 소망은 희망이 되고 용기가 되어 꿋꿋이 살아오셨나 보다.

어쩌다 혼자 우시다 눈물을 감추시던 어머니를 보면 나는 그만 화가 나서 두 주먹 불끈 쥐고 흐느끼곤 했다. 설움에 겨워 가슴에 맺힌 한이 서러워 응응 소리 내어 울었다. 그리고 다짐하고 결심했다. 무슨 일이 있어도 어머니의 눈물만은 거두어 드려야지, 다시는 어머니 울지 않게 해 드려야지, 나만은 절대 어머니 울리는 사람이 되지 않으리라고.

그래서 착한 아들이 되려고 노력했다. 어머니 말씀 잘 듣는 아이, 착하고 정직한 아이, 절대 말썽부리지 않는 아이, 아무 걱정 없는 아이가 되려고 착하게 행동하고 열심히 노력했다.

지금은 아이들 다 자라고 조금 여유가 생겨 따뜻한 효도를 해 드릴 수 있는 형편인데 일곱 자식을 위해 울고 또 우시던 어머니는 떠나신 지 오래고 가슴에 남은 그리움과 회한이 너무 크다. 살아 생전 효도가 얼마나 중요한 것인 지 이제 와서 후회하고 가슴을 쳐도 어머니는 계시지 않는다.

그 놈의 가난 때문에 항상 배가 고팠다. 초근 목피로 생활하기도 했고 아예 냉수만 마시던 때도 있었다. 당연히 배불리 먹을 수만 있었으면 하는 소망을 갖게 되었다.

젊은 시절 어렵게 살면서 육신의 피로쯤은 얼마든지 견딜 수 있었다. 나 자신의 배고픔은 참을 수 있었지만 아내와 아이들 배고프지 않나 하는 생각에 항상 가슴이 아팠다. 오죽했으면 배 고프지만 않으면 다른 욕심은 더 갖지 않겠다는 기도를 드렸을까.

이제 세월이 좋아지고 형편이 나아져 적어도 배고픔만은 걱정하지 않는 생활이 되었으니 두 번째 나의 작은 소망도 이루어진 것 아닌가.

가난했으니 집이 있을 리 없었다. 해방 이후 시골에서 3년 동안 허송 세월하고 대구로 나와 이재민 수용소에서부터 시작 했으니 아홉 식구의 생활이 어떠했겠나. 당연히 월세 전세 사글세로 이사를 수십 번 다녔다.

그 추운 겨울날 셋방 얻으려 다니던 어머니의 고단한 다리품을 나는 지금도 기억한다. 리어카에 실어 나르던 초라하고 볼품없는 가구들을 나는 잊을 수가 없다. 남루한 이부자리와 옷가지들, 그러나 어머니는 항상 책과 연필 등을 제일 먼저 챙기시며 자식들에 대한 사랑과 희망을 버리지 않으셨다.

마땅히 그 때의 소망은 오두막 집 하나, 하늘만 가릴 수 있어도 괜찮은 하꼬방 하나가 소망이었다. 지금 그 소망도 이루어져 32평 아파트에 살지만 어머니는 어느 자식 하나 제 집 가진 것 못 보시고 두 눈을 감으셨다. 그 때 어머니의 그 소망을 생각하며 절대 더 큰 집 욕심 내지 않고 살아 갈 것이다.

대학 못 간 것이 가슴 아팠다. 한 때 어린 생각에 자살도 생각했었다. 인생의 축복과도 같은 청춘에 고달픈 생활의 연속이니 느끼는 건 좌절이고 절망이요 허무였기 때문이다. 더구나 친구들이 다 대학에 갔고, 특히 삼총사 세 친구 중 나만 대학에 못 가고 허송세월 했으니 그 아픔 그 절망이 얼마나 컸겠나.

대학생인 양 도서관엘 가고 유명 교수들의 강의를 숨어 경청하기가 몇 번이던가. 그만큼 학문에 대한 열의도 있었다. 그 때 안게 된 소망은 나는 별 수 없이 대학엘 못 갔지만 자식들은 꼭 공부시켜야 한다는 소박한 꿈이었다.

이 소망은 아내와의 첫 날 밤 맹세였는데 지금은 성공적으로 이루어져 아들 딸 며느리 사위 모두가 대졸이고 대학원 마쳤고 딸과 사위는 미국 유학도 마치고 돌아왔다.

이제 인생 황혼에 더 이상 바랄 게 없다. 처음부터 크고 많고 높은 것 바라지 않았으니 별달리 더 바랄 것도 없고 더 이상 소망할 것도 없다. 다만 아내와 아이들의 건강과 화목을 빌고 싶을 뿐이다. 정말 소박하고 겸손한 소망 아닌가. 욕심도 버리고 억지도 아닌 이 정도의 소망이야 당연히 이루어 지리라 생각하니 아무 두려움도 없고 걱정도 없고 미련도 없다.

나의 꿈과 나의 소망이 비록 작고 가난한 것이었고 그 이룸과 결과가 미미한 것이었다 해도 나는 만족하고 있다. 다만 자라는 아이들에게는 좀 더 크고 높은 소망, 꿈, 이상은 품으라고 일러주고 싶다. 부자가 되고 호의호식하고 잘 살아라는 말이 아니고 학문, 교육, 봉사에 뜻을 둔 이상 좀 더 차원 높은 인생을 살도록 목표를 향해 매진해 주길 바라는 마음 뿐이다. 부질없는 욕심은 버려두고 작은 것에 만족하는 즐거움을 배우라고 일러주고 싶다.

아빠의 IMF

그것은 청천벽력처럼 닥쳐왔다. 환율 폭등, 재정 적자, 증시 폭락, 구조 조정, 부도와 폐업, 소득 감소와 물가고, 실직과 생활고, 이산과 노숙 등 모든 것이 아픔이 되고 고통이 되어 우리들 가슴을 억누르고 피눈물을 쏟게 했다. 샴페인을 너무 일찍 터뜨리며 흥청망청 마시고 즐기던 행락에 찬물을 끼얹었고 빈털터리가 된 듯 발가벗겨진 자신의 허약한 체질 앞에 우리들은 경악 할 수밖에 없었다.

부유층들은 고금리의 호기를 맞아 은행 이자만으로도 대박의 기회를 잡았지만, 우리들 서민층들은 부도, 폐업, 실직, 가출, 도주, 이산, 노숙, 자살 등 온갖 아픔을 다 겪었다. 생활고에 허덕이면서 실의와 좌절 속에 절망하고 포기하고 쓰러져서 끝내 파도를 헤쳐가지 못하고 사라져 가고 잊혀져 간 사람들도 많았다.

나는 지금도 그 뻔뻔한 위정자들의 모습과 궤변을 생생히 기억하고 있다. 국민은 그들 수준만큼의 지도자를 뽑는다 했다. 한심하게도 멍청이 같은 지도자를 선출한 것이 우리들 자신이라면, 그 원인과 책임이 결국 우리 자신에게 귀결되는 것 아닌가. 가슴에 쌓이는 후회와 통한의 눈물은 마땅히 흘려야 할 합당한 대가가 아닐까.

1997년 11월 21일, 가난한 월급쟁이들에게 닥쳐 온 IMF의 한파는 너무나 가혹했다. 먼저 감봉이 왔다. 천직이려니 하고 평생을 봉직했는데 당장 어떻게 해야 하나 걱정이 앞섰다.

둘이나 남은 아이들 혼사는 어찌해야 하나 하는 마음에 아내는 새벽까지 더하기 빼기를 하고 있었다. 적금은 어찌하며 계금은 무슨 수로 마련할까 고민에 빠졌다. 당장 생활에 비상이 걸렸다. 백 원 하나라도 아껴야 하고 안 쓰는 것이 최선의 방법이라는 결론이 나왔다.

패가망신하고 눈물로 흩어지는 가정도 있고, 부금을 못 넣어 아파트 빼앗기고 거리에 내 몰리는 가족도 있는데 그래도 우리는 다행이라 생각했다. 참고 견디며 살다 보면 또 무슨 희망이 생기겠지, 또 다시 좋은 시절이 오겠지 하면서 꿈과 희망까지는 버리지 않았다. 학자금 때문에 휴학하고 입대하는 학생들도 많은데 우리는 아이들 다 졸업하고 틀림없는 직장이 있으니 그래도 우리는 행복하다고 마음을 달래며 감사해 하곤 했다.

도시락의 지참도 가슴 아픈 일이었다. 경비 절감을 위해 각자 도시락을 지참하라는 지시에 의욕이 뚝 떨어졌다. 종업원들의 사기 저하는 생각도 못 할 형편이었다. 일체감, 단결심, 애사심 같은 것이 체감 온도 식어가 듯 하더니 불 꺼진 아궁이처럼 싸늘해져 갔다. 김치에 된장 장아찌로 도시락 싸는 아내의 무거운 모습을 보며 못난 가장의 마음도 천 근 만 근 무거워져 대화는 저절로 없어지고 침묵의 출근이 계속 되었다.

끓인 물에 밥 말아 마시면 5분 식사 끝. 어느 누가 볼세라 갈비라도 뜯은 양 이 쑤시며 허허 웃곤 했다. 어느 날은 진열장 뒷켠에 숨어서 불어터진 라면 하나 후루루 마시고 아무 일 없다는 듯이 입가를 닦았는데 나도 모르게 눈물이 흘러내렸다. 그 눈물은 아마 나 혼자만이 아는 울분이었고 탄식이었을 것이다.

출근 차량도 없어졌다. 유류대 절약을 위해서 각자 알아서 출근하라는 지시였다. 콩나물 시루 같은 출근 버스 속에서 그래도 나와 같은 처지의 서민이 이렇게 많구나 위안 하면서 마음을 달래곤 했다. 옛날 어린 시절 십 리 길은 항상 걸어 다녔는데 오히려 버스 출근이 당연한 것 아니었나 하는 생각까지 했다.

소주를 마시게 되었다. 소주는 허물없고 변함없는 친구가 되었다. 거짓 없고 모든 걸 이해해 주는 죽마고우 같은 친구였다. 가난과 아픔까지도 이해해 주고 위로해 주는 청량제 같은 친구였다. 즐거워서 마시던 술은 달지만 분하고 슬퍼서 마시는 술은 그 절반이 눈물이었다. 안주 없이 마시는 술자리에서 모두들 울분과 탄식을 쏟아 내었다. 그래도 참고 열심히 살아야 한다고 공자 같은 말씀만 하곤 했다.

어린 시절 배고팠던 시절보다는 그래도 지금이 열 배 낫다고 애써 위로하며 자위하곤 했다. 그러면서도 집에서는 공부하는 아이들 마음에 그 어떤 부담도 주지 않으려 했고 동요나 좌절이 없도록 꿋꿋하고 의연한 모습 보이려 노력했다.

시베리아 벌판처럼 모든 것이 얼어붙었던 IMF 겨울의 그 혹독함을 나는 잊을 수가 없다. 한 번 얼어붙은 마음들이 해빙되기까지는 긴 시간이 필요했다. 봄날의 그 따뜻한 햇살은 저절로 오는 것이 아니란 값진 교훈도 얻었다.

그 때부터 마음과 마음 사이에 보이지 않는 벽이 생기고 무엇인가 하나 될 수 없는 감정의 골이 파여졌다는 사실을 느꼈다. 그것은 아마 그 때의 충격이 던져 준 가슴 아픈 흔적, 치유될 수 없는 상처 때문인 것 같다.

인심 자체도 달라졌다. 베풀고 함께 하던 인심 자체가 사라져 버렸다. 주머니 사정이 썰렁하니 나누는 인정이 있을 리 없고 베품이나 온정 같은 것이 사라진 게 오히려 당연한 것인 지도 몰랐다. 부담 없이 함께 하던 점심도 없어지고 함께 나누던 커피도 없어지고 거래 회사 직원들의 점심 시간 때의 방문도 없어졌다. 적금 해약하고 외식 줄이고 저절로 자린고비 구두쇠가 되어 갔다.

금붙이 모으기 국민운동이란 게 있어서 장롱 속의 패물 몽땅 모아 주었다. 달러 조달이 되고 IMF 극복에 도움이 된다 했으니 애국심이라면 목숨이라도 던져버리 듯 우리 서민들 줄서가면서 추억과 사랑의 증표인 결혼 반지 돌 반지 모두 내어 놓았었다.

며느리도 선뜻 응해 주어 자랑스럽기도 했다. 지금 생각하니 몇 푼 받았던 대금도 사라지고 결국은 패물만 없어진 꼴이 되어 큰애기 한테 너무 죄스러운 마음 뿐이다. 모른 체하고 동참하지 않았더라면 하고 부끄러운 생각을 지우지 못하는 것은 나만의 편협한 이기심 때문일까. 그렇게 IMF는 슬픔이고 아픔이고 고통이었다. 좌절이고 절망이고 죽음이기도 했다.

그런데 9년이 지나고 10년이 되는 지금 과연 IMF는 끝났는가. 온 국민이 똘똘 뭉쳐 명예의 졸업장을 받았다는 IMF는 과연 이 땅에서 물러 갔는가. 아니다. 결코 아니다. 절대 끝나지 않았다. 아직도 이 땅에 그 위력 그대로 남아 있다. 적어도 언제나 헐벗고 썰렁한 체온으로 살아야 하는 우리 착한 민초들에게 IMF는 영원한 것이고 오늘도 내일도 계속되고 있는 시련이다.

돈이 많고 권세가 있고 자리가 좋아 처음부터 IMF가 기회였고 굴러온 복이었던 상류층들은 허리띠 졸라매는 내핍도 없었다. 먹고 마시고 즐기는 잔치만 있었을 뿐 애시당초 IMF는 있지도 않았다. 오히려 'IMF여 다시 한 번!'을 외치고 있다. 덜 먹고 덜 쓰고 말 없이 불평 없이 이 나라 이 조국 지키고 지탱하며 땀 흘려 노력해 온 소박하고 착한 우리 서민들의 아픔과 눈물을 대하노라면 오늘도 IMF가 실존함을 말해주고 있다.

적어도 가난하고 가진 것 없는 우리 서민들에게 IMF는 영원한 시련이다. 끝나지 않는 싸움이고 투쟁이다. 옛날부터 있어 왔고 앞으로도 계속해서 싸워가야 할 생존 경쟁이다.

저소득 근로자들은 별 수 없이 실업자가 되고 더러운 생활고의 수렁에서 탈출할 여력마저 잃게 된다. 일자리를 얻었다 해도 반복 실업의 고통을 안게 되고 심지어는 대물림 실업의 이중고를 안게 되는 것이 거짓 없는 현실이다.

사랑하는 아들 딸들아. 그래도 너희들만은 낙오해선 안 된다. 과학 문명의 발전과 풍요를 구가하며 성장하고 팽창하는 사회 구조 속에서 너희들만은 편승해서 발전 성장해야 한다. 그 풍요 속에서 보람도 찾고 행복도 얻어 잘 살아야 하고 나누고 베풀 줄 아는 미덕도 가져야 한다.

엄마 아빠의 생활이 IMF의 연속이라 해도 너희는 달려가는 준마처럼 그 성장을 늦추어서는 안 된다. 엄마 아빠의 아픔과 고통을 교훈으로 새기고 반면 교사로 삼으면 된다. 엄마 아빠는 그 아픔과 고통이 이제는 체질이 되고 끈기가 되어 변함없는 노력으로 극복하는데 어려움이 없다.

소비가 미덕인 시대에 절약도 방법임을 배웠다. 욕심 없는 마음으로 작은 것에 만족하며 착하고 성실하게 사니 남 부러울 게 없고 두렵지도 않고 불편하지도 않다.

많이 바라지 않으니 많이 쓸 곳도 없고 생각이 즐겁고 생활이 즐겁고 건강이 즐거우니 무슨 괴로움이 있을 것인가. 엄마 아빠의 생활은 그래서 고통도 아니고 괴로움도 아니고 생활 자체가 가난에 적응하고 체질화되어 오히려 가난과 어깨동무하고 가난과 함께 웃으며 살 수 있단다.

사랑하는 아이들아!

엄마 아빠의 IMF는 그 자체가 생활 양식이 되고 철학이 되어 살아있는 동안 즐겁지 않을 수 없을 것이다.

가슴 아팠던 IMF의 추억이여!

그러나 이제는 즐거운 인생이여!

2

욕심 하나 버렸더니

우리는 가난을 칭찬하지 않는다. 다만 가난에 굽히지 않는 사람을 칭찬한다.

– 톨스토이

나의 자화상

세상에는 수많은 사람들이 어울려 산다. 모두가 저 잘난 멋에 특징 있는 얼굴로 살아간다. 잘 사는 사람 불행한 사람도 있어 치열한 생존 경쟁의 무대 위에서 천태 만상의 모습을 보여준다. 나도 인간 세상의 중심에 버티고 서서 나의 생각 나의 철학대로 인생을 설계하고 노력하며 어울려 산다. 건강하고 마음 편하면 그만이라 믿고 있지만 언제나 초라하고 남루하기만 한 행색이 의식을 억누르는 것 같다.

거울 앞에 앉으면 잔주름 흰머리의 노인이 웃고 있다. 세파에 찌든 얼굴, 피곤한 모습이다. 땀 흘리며 힘겹게 살아온 인생이니 그 고역과 극복의 땀내 나는 현 주소가 지금의 얼굴 아닌가.

나는 별로 가진 것이 없지만 열심히 사는 노력을 행복으로 여기고 있다. 별 능력이 없고 큰 욕심이 없으니 모으고 이루지 못한 것은 당연하다고 생각한다. 쌓아두고 살지 못함을 가슴 아파 할 일도 아니다.

조그만 아파트에 비둘기 한 쌍처럼 건강한 아내가 있으니 부러울 게 무어람. 아들 딸들 성실히 살고 있고 손자 손녀들이 꿈나무로 자라고 있는데 무슨 걱정이 있을까. 착하게 살면서 사회 역군으로 성장 발전하는 모습들이 여간 대견한 것이 아니다. 무엇 하나 근심하고 걱정할 일 없으니 항상 웃는 얼굴 즐거운 마음이다.

나는 배운 것도 많지 않다. 많이 배우지 못했으니 아는 것이 적고 항상 뒤지고 나서지 못한다. 모두들 잘 난 사람 큰 소리들 치고 살지만 나는 누구에게나 배워야 한다고 생각한다. 하다 못해 거지나 폭력배에게서도 값진 교훈, 배울 게 있지 않던가.

어머님께서 가르쳐 주신대로 착하게 살아야 함을 알고 있다. 선생님이 가르쳐 주신대로 고운 마음 바른 양심으로 행복의 씨앗을 키워야 함도 알고 있다. 최소한 사람의 도리, 남편의 신뢰, 아버지의 역할이 옳고 발라야 한다는 것만은 가슴에 새기고 있다.

아무리 뜯어보아도 잘난 곳이 없다. 아름다운 청춘 작업복 입고 땀으로 보냈으니 어느 한 구석 행여 젊음이 남아 있을 리도 없다. 구름처럼 흘러가 버린 세월 아쉬워한 들 가슴만 아프고 이제는 어제의 아픔을 잊고 살려 한다. 그러나 아직은 반듯한 몸과 마음, 열정 같은 끈기, 건강한 웃음을 지니고 있다. 산을 올라도 결코 뒤지지 않는다. 가슴 가득한 즐거움과 뿌듯한 만족감이 있다. 이것이 행복이라 믿고 있다.

흥청망청 살아가는 세상에 나는 자랑할 것도 없다. 무엇 하나 내세울 것이 없어 자존심이 상하기도 하지만 숨기거나 부끄러워할 것도 없다. 언제나 떳떳하고 당당하다. 내가 있어야 할 그 자리를 지키며 책 읽고 글 쓰고 새벽 운동과 등산에 항상 웃으니 무엇이 부끄러울까? 흐뭇한 마음으로 밝은 하늘 아래 한 점 부끄럼 없는 것도 당당한 자랑이다.

내 방에는 '지족상락(知足常樂)' 이라 적힌 족자가 있다. 만족을 느끼고 항상 즐거운 마음으로 살라는 뜻이다. 나는 작은 것에 만족하며 기쁘게 살고 있으니 어찌 아니 즐거우랴.

보잘 것 없는 것을 가지고도 인생을 즐겁게 살아가는 지혜를 깨우쳐야 한다. 많은 것 쌓아 놓고도 스스로 욕심 내며 싸우는 사람들을 보면 불쌍하게 느껴진다. 나는 크고 좋은 것을 욕심 내지 않았다. 겸손하게 마음을 비우고 눈높이를 낮추고 살았다. 항상 감사하는 마음으로 살았더니 마음의 평화는 저절로 내 것이 되었다.

모르는 사람들은 왜 바보처럼 살았느냐고 쑥덕거린다. 성공할 수 있었는데 왜 나서지 않았느냐고 동정도 한다. 패기나 집념 같은 것을 왜 버리고 살았느냐고 꾸중도 한다. 때로는 도전의식과 성취욕 같은 것을 가져나 보았느냐고 비아냥거린다. 나는 별로 변명할 말이 없다. 왜냐하면 나 자신이 바보처럼 욕심 없이 살았기 때문이다.

내가 좀 힘들어도 나의 작은 일자리 그 곳에서 묵묵히 나의 일을 했을 뿐이다. 내가 그 곳에 있어야 했고 아이들 자라는 모습과 글 읽는 소리에 취해 세월이 흘렀을 뿐이다. 소박하고 성실하게 사는 것이 기쁨이고 보람이라 믿었는데 무엇이 잘못인가. 만족을 모르고 큰 맘 큰 욕심으로 박차고 나갔다면 혹시 오늘의 나는 존재하지 않을 수도 있는 것 아닌가.

마지막 웃는 사람이 참 승리자다. 나의 인생 마라톤은 이제 결승점을 남겨두고 있다. 나는 하늘 아래 땅 위에 티 없이 웃을 수 있고 맑은 미소를 나눌 수도 있다. 결코 가난한 것도 바보도 아니다. 부질없는 욕심 버리고 착하고 성실하게 사는 것이 인간의 길이라 믿고 있다. 싱그러운 미소를 나누며 아내와 아이들과 얼굴 마주보며 함께 즐거워하는 것이 단 하나의 소망이다.

욕심을 버렸으니 기쁨이 가득하고 육신이 건강하니 생활이 즐겁다. 거기다 가족이 화목하니 더 바랄 게 무엇인가. 지금 이 순간 나는 거울 속의 늙은이를 마주보며 서로가 기분 좋아 빙그레 웃고 있다.

※이 글은 2006년 11월 〈문학 21誌〉 수필 부문 신인상에 당선된 작품이다.

산은 날 보고 겸손하게 살라 하네

크고 높아서 항상 우러러보던 소백산을 오른다. 아내를 앞세우고 서로 재촉하며 산을 오른다.

그 웅장한 기상을 가슴에 안고 보니 어머니 품 속처럼 아늑하다. 흐르는 땀, 거칠게 내쉬는 호흡, 그래도 등반은 계속된다. 두 발이 지치고 자꾸 주저 앉고 싶어진다. 서늘한 나무 그늘에 자리를 잡고 땀을 씻는다. 아내에게 물 한 잔 권하며 정상을 응시한다.

문득 산이 날 보고 쉬지 말고 열심히 오르라 한다. 산을 오르 듯 열심히 착하게 살아라 한다. 오르지 못하고 이겨내지 못하면 결코 정상에 설 수 없다고 등을 떠민다. 쉬기만 하고 땀 흘리지 않는 사람들 중 무엇 하나 이룬 것 있더냐.

세상이 모두 속인다 해도 너만은 거짓 없이 살아라 한다. 결코 주저 앉거나 비켜서지 말고 성실과 진실만이 영원한 덕목임을 명심하라. 너도 나도 허세를 부리고 과시한다 해도 뒤따르지 말고 작고 고운 것에 만족하며 부끄럼 없이 살아라 한다.

비로봉 정상, 탁 트인 시야, 더 오를 곳이 없다. 모든 산야가 발 아래 있다. 얼마나 아름답고 싱그러운 풍경인가. 심장이 찢어지는 고통도 있었지만 역시 인생은 집념이고 도전이다. 도전에는 타협이 있을 수 없다. 끈기와 열정으로 역경을 헤쳐 나갈 때 더 넓고 막힘없는 조망이 우리를 반긴다. 아내와 손 마주 잡고 아름다운 능선에 감탄한다.

산은 날 보고 욕심을 버리라 한다. 행여 탐욕이 남았거든 짐 벗듯 마음을 비우라 한다. 부질없는 재물과 공명을 다 내버려 두고 가슴으로 즐거운 삶을 살아라 한다. 세상의 모든 부귀 영화 사치와 쾌락이 모두 순간이고 찰나가 아니던가.

홀가분하게 비운 자리에 사랑과 인정을 채우리라. 산을 사랑하고 자연을 보호하 듯 소외되고 어려운 사람들 모른 체 말고 얕보지 말고 따뜻한 정을 나누고 싶다. 함께 웃고 즐기며 체온을 나누며 살고 싶다.

사랑은 기쁘고 행복하며 그보다 더 아름다운 것은 없다. 나누고 베풀면 화합의 천국이 되지만 욕심 부리고 싸우면 야수들의 싸움판이 된다. 조그마한 정성을 나누는 사람, 그 즐거움을 아는 사람은 작게 가지고도 큰 인생을 사는 부자가 아닌가. 아내와 나는 산의 정기를 흠뻑 마시고 욕심과 허욕을 버리고 가슴 가득히 새로운 다짐과 사랑을 마음껏 채운다.

지치고 피로한 몸이지만 하산 길의 발걸음은 가볍다. 또 마음을 비웠으니 가벼워진 육신도 날아갈 듯 자유롭다. 그러나 산 오름의 역경보다 내려 갈 때의 방심이 더 위태롭다는 주의를 일깨워준다.

산이 날 보고 겸손을 배우라 한다. 뽐내거나 과시하지 말고 조용하게 말없이 살아라 한다. 산 하나 올랐다고 자랑하지 말고 모으고 쌓았다고 과시하지 말라. 적으면 적은대로 모르면 모르는대로 착하고 열심히 살면 밝고 맑은 길이 열린다. 그래 무엇을 더 욕심 내어 싸우고 빼앗고 차지하고 할 것인가.

과일 한 조각 나누며 아내를 격려한다. 아내는 활짝 웃으며 오히려 나를 염려한다. 그래 저 웃음이 기쁨이다. 우리 가족의 건강과 행복을 동시에 말해주는 즐거움의 표상이며 참 감사와 만족의 표현이다. 세상의 온갖 근심 걱정 다 날려보내고 용기와 희망을 안겨주는 아내의 맑은 저 웃음은 내 인생의 활력소가 되어 나를 꿋꿋하게 지켜준다. 아내의 매력 저 웃음이 오늘날 나의 열정과 건강을 있게 하며 심신의 활력을 솟게 한다.

이제 집으로 가자. 우리들의 꿈이 있고 사랑이 있고 아이들이 있는 보금자리로 가자. 몸과 마음은 하늘로 나를 듯 상쾌하다. 때를 맞추어 나옹 선사의 선시(禪詩)가 떠오른다.

"청산은 날 보고 말없이 살라하고
창공은 날 보고 티 없이 살라 하네.
탐욕도 벗어 놓고 성냄도 벗어놓고
물같이 바람같이 살다가 가라 하네."

※이 글은 2006년 11월 〈문학 21誌〉 수필 부문 신인상에 당선된 작품이다.

| 심사위원 평 |

권우용 님이 제출한 수필 '나의 자화상' '산은 날 보고 겸손하게 살라 하네' 2편을 심사위원 합의로 신인 당선작으로 결정하고 심사위원 일동은 축하를 보낸다. 우선 작품 전체에 풍기는 향취가 푹 삭은 김치 맛에 된장 끓이는 뚝배기 같은 삶의 멋을 느끼게 하였다. 그래서 인간은 나이를 먹을수록 노쇠하지만 문학은 나이를 먹을수록 심오한 깊이를 느낀다는 옛 말이 더욱 실감이 난다. 누구나 열심히 살지만 시련과 고통이 있게 마련이다. 그 어려운 여건 속에서도 읽고 쓰려는 열정을 버리지 않았고 성실하고 끈기있게 자신의 삶을 가꾸어 온 사실들을 아주 유연하게 들추어 묘사하였다. 권우용 님의 신인 당선을 다시 한 번 축하하며 이를 계기로 좋은 작품으로 계속 정진해 주기를 바라는 바이다.

〈 심사위원 : 김기원, 안도섭 〉

| 당선 소감 |

40년을 지각했으니 부끄럽기도 하다. 바쁘다는 핑계로 갈고 닦지 못했고 뛰어나지 못한 것도 내 탓인데 세월 탓만 해서야 되겠나. 책이 좋아 책을 읽다 나도 무엇인가 써보고 싶다는 욕심이 생겼다. 열정과 그리움은 차라리 짝사랑 같은 것이었고 어느 때는 붓방아로 밤을 지새우는 고통도 있었다. 당선 통지를 받고 보니 기쁨에 앞서 두려움이 앞선다. 인생 황혼에 또, 몇 밤을 뜬 눈으로 밝혀야 할 지. 그러나 기꺼이 가려 했던 길이니 새 마음 굳은 결심으로 새 출발을 해야지. '맑은 정신과 밝은 눈을 지켜주소서' 기도하면서 뒤쳐진 세월 만회하 듯 열심히 쓸 생각이다. 지도해 주시고 격려해 주신 김기원 교수님과 심사위원 여러분께 감사 드리며 고운 친구인 아내와 착한 아이들에게도 감사와 사랑을 전하고 싶다.

나의 별명

나의 별명은 별무. 사람들이 별무라 불러도 싫지가 않다. 별무란 무엇인가. 별로 가지지 못했지만 조금은 가지고 있다는 뜻이다. 전무는 조금도 없다, 하나도 가지지 못했다는 뜻이지만 별무는 많지는 않지만 얼마 만큼은 가졌다는 뜻 아닌가.

큰 재산은 없지만 빌리지 않을 만큼 가졌고 많이 배우지 못했지만 조금 아는 것도 있고 잘 나가지 못했어도 사람으로서 갖추어야 할 덕목을 조금씩은 가지고 있다는 뜻이니 얼마나 다행하고 즐거운 일인가.

사람에 따라서는 쥐뿔도 없는 녀석이 어떻고 하면서 비하하고 멸시하는 뜻으로도 쓰여진다. 그러나 나는 개의치 않는다. 남이 무시하기 전에 나 스스로 낮추고 살았기에 별로 기분 나빠 할 이유가 없다.

"사장님, 이제는 큰 부자가 되었지예?"

"이제 그만 쉬면서 골프나 치시지요."

사장도 아닌 놈이 사장이랍시고 넥타이 매고 서부 경남 산간 벽지 어느 곳 아니 가 본 곳 없을 만큼 뛰어 다녔으니 알만한 사람은 큰 부자가 되었을 것으로 보는 것도 무리는 아니었으리라. 그때마다 나의 대답은 한결같다.

“별로 모은 것도 없습니다.”

“별로 시간도 없고 형편이 안 됩니다.”

“별로 열심히 하는 것도 아닙니다.”

항상 별로란 부사가 붙었고 겸손하게 이를 부인하고 부정하고 했었으니 저절로 별무란 별명이 생겼을 법도 하다.

언젠가 어느 농협 직원 접대 자리에서 구매 주임이 나를 ‘별무 사장’ 이라고 불렀는데 잇따라 경제 부장이 ‘별무 선생’ 이라 하고 전무는 느닷없이 ‘별무 형님’ 이라 해서 웃음판이 되었는데 한편으론 어리둥절한 적이 있다.

가만히 듣고 보니 별무란 말이 별로 싫지도 않았고 그 내포하고 있는 뜻이 경박한 것도 아니고 약간은 철학적인 깊이도 있는 말이라 그만 기분이 좋아졌었다. 그래서 별로 자랑할 것도 없지만 별로 부끄러워 할 것도 없다면서 맛있게 소주를 마셨던 기억이 있다.

그런데 며칠 전 신년회 모임에 참석했다가 그 때 그 김 부장과 마주쳤는데 반가운 인사가 “야! 별무 사장님, 건강하십니까?” 였다. “별무가 뭐꼬?” 하며 의아해 하는 친구들에게 얼씨구나 하는 생각에 별로 가진 것 없지만 어쩌고 저쩌고 하면서 그 숨겨진 뜻을 이야기 했었다.

“와 그거 멋있는 이름이다. 이제 우리도 별무 형님 별무 친구라 부를라요.”

그래서 한바탕 웃음이 터졌다.

그 이후 한 번도 별무란 이름을 들어보지 못했지만 나는 왠지 별무란 이름이 좋다. 별로 가진 것 없고 자랑할 것도 없는 내 형편을 제대로 표현하고 있지 않는가. 나 스스로를 낮추는 겸손도 있고 소박하고 진솔하게 살아가는 모습이 그대로 비쳐지는 이름이 아닌가. 크고 많은 것 바라지도 않고 적고 작은 것에 만족하며 살아가는 욕심 없는 마음도 나타내고 있지 않는가.

세상 사람들 모두가 많이 가지려 욕심 내며 양심마저 팽개치고 죽기 아니면 살기로 싸움질인데 없어도 있는 척 몰라도 아는 척 못 나도 잘난 척 무엇이라도 과시하며 자랑하고 살아가는데 "별로 없습니다", "별로 아닙니다" 하면서 자세와 눈높이 낮추고 겸손하게 살았다면 분명 나는 바보 같은 사람임에 틀림없다.

그러나 욕심을 버렸으니 세상이 즐겁고 빌리지 않고 빚지지 않았으니 인생이 즐겁고 똑똑하지 못해도 바보 소린 듣지 않았으니 생활이 즐겁고 자랑할 것 없어도 부끄럽지 않으니 인간사 모든 게 다 즐거운 것 아닌가.

이제 나를 별무라 불러도 좋다. 이 풍진 세상에 집도 있고 아내나 아이들도 있으니 조금은 가진 것도 있고, 이것 저것 책도 읽어 인생 철학도 얻고 깨우쳐 조금은 아는 것이 있지 않은가. 또 건강하고 매사에 즐거운 마음이면 조금은 잘난 것도 있고 착하고 변함없는 정성이면 조금은 자랑할 것도 있다 할 수 있다. 하늘 아래 땅 위에 조금도 부끄러워하고 죄스러워할 게 없으니 마음은 명경지수처럼 편안하다. 이보다 더 자랑스러운 게 어디 있담.

그래 나는 별무다. 별무라 해도 좋다. 누군가 별무라 했으니 나는 별 수 없이 별무다. 별무라도 행복한 별무다. 별무라 해도 즐거운 걸 어쩌나.

안빌 셔츠

"사장님, 안빌이 무슨 팀입니까?"

"어르신, 안빌이 무슨 회사입니까?"

종종 이런 질문을 받는다. 봄, 여름, 가을 세 계절에 걸쳐 한결같이 새벽 운동으로 배드민턴을 치면서 안빌이란 두 글자가 선명한 티셔츠를 입었기 때문이다.

"안빌은 문고팀이야."

나의 대답은 한결같이 간단하다.

"문고팀도 있습니까?"

"문고팀도 모르는가 보네. 문고팀은 논농사를 망치는 문고병을 연구 박멸하는 문고병 박사들 팀이지. 나도 한 30년 연구했기에 지금도 원로회원으로 뛰고 있지."

"그래예? 와! 대단합니다."

더러는 감탄한 듯 놀라기도 한다.

안빌 셔츠는 문고병 전문약제인 안빌을 생산하는 한국삼공(주)에서 판촉 홍보용으로 만든 것이다. 10년 전 종업원이나 농민들이 입도록 홍보용으로 나누어 준 것인데, 그 중 세 벌을 가지고 와서 새벽 운동 때마다 계속해서 입고 있는 것이다. 새벽마다 1시간 정도 셔틀콕을 치다가 땀에 젖어 돌아오곤 했는데, 훌훌 벗어

던지면 아내는 멋진 세탁 솜씨로 새 것처럼 손질해 주곤 해서 여간 즐거운 것이 아니다.

품위 운운 하며 사다 놓은 트레이닝복도 있고, 생일이나 명절 때 아이들이 하나 둘 사가지고 온 명품 셔츠가 몇 개나 된다. 다만 10만 원도 더 한다는 그 고급스러운 걸 입고 무슨 운동을 하라는 것인지 괜스레 짜증스럽고 거북하고 어색하고 마음이 부담스러워 도저히 입을 수가 없다. 어쩌면 비싼 것 아껴야지, 좋은 것은 남겨 두어야지 하는 절약 정신이 몸에 밴 탓일까.

마음 편히 안빌 셔츠만 입으면 팔 다리에 힘이 솟고, 부담이 없기에 홀가분하고 마음껏 뛰고 웃으며 배드민턴의 묘미를 즐기며 열광할 수가 있다. 좋은 옷 걸치고 폼을 잡아도 몸과 마음이 가볍지 않으면 땀 흘리는 즐거움을 어찌 만끽할 것인가.

비싼 것 소용없다. 고급이라고 좋은 것 아니다. 마음 편하고 내가 흡족한 것이 최고의 명품이라는 평범하고 소박한 메시지가 아이들에게 전해졌고, 다시는 비싼 것 사지 않도록 엄명이 내려졌다. 아이들의 반론도 일리는 있지만 누구라고 감히 아버지의 조그마한 즐거움을 거역할 것인가.

법정 스님의 글 중에 만년필 하나로 멋진 글을 잘도 썼었는데 어느 고마운 분이 고급 만년필을 선물해서 두 개가 되니, 이것으로 쓸까 저것으로 쓸까 괜스레 고민하고 저울질하고 비교하다가 글 한 줄 쓸 수 없었다는 내용이 있었다. 결국 고급 만년필을 누구에겐가 주어 버리고 나서야 다시 마음의 안정을 얻어 욕심 없이 글을 쓸 수 있었다는 철저한 무소유의 즐거움을 일깨워 준 글이 생각난다.

일 년이 다 가도록 한 번도 사용하지 않거나 손 한 번 가지 않는 가구, 집기, 옷가지 등은 별로 필요치 않은 쓰레기 같은 물건들이니 한시라도 빨리 이웃과 나누어 쓰라는 어느 어른 말씀이 이 순간 가슴에 와 닿는다.

요즘은 전형적인 가을 날씨다. 하늘 높고 말이 살찐다는 계절이다. 새벽 여섯 시면 무조건 집을 나선다. 어둠이 걷히기 직전의 이슬 촉촉이 내린 산길을 15분 정도 속보로 걸어 오르면, 우리 송우 구락부 배드민턴 운동장에 닿는다. 소나무 숲에 싸여 너무나 아름다운 코트에서 10분 정도 맨손 체조로 준비 운동을 한다. 날이 밝으면서 하나 둘 회원들이 모여 들고, 두 사람이면 난타를 치고 성원이 되면 게임을 즐긴다. 30분 정도 셔틀콕 치다가 돌아오는데 문제는 항상 게임이다.

멋진 묘기가 나오고 파인플레이가 펼쳐지는 재미에 시간을 잊고 빠져 들다보면 금방 시간을 초과해 버린다. 아차! 출근 시간 30분 초과! 큰 일이다. 라켓 들고 아파트까지 달려 내려오지만 늦은 시간을 어이하랴.

땀에 젖은 안빌 셔츠를 벗어 던진다. 시간이 없으니 면도, 샤워, 식사, 양치, 용변, 화장, 옷입기 등 아침 절차를 무슨 재주로 마친담. 급히 면도 샤워만 마치고 선풍기 틀어 땀 식히면서 옷 주워 입고 머리 손질하고 신발 끼워 신고 출근을 서두른다. 아침도 거르고 노인이 큰일 난다고 아내는 펄펄 뛴다. 그러나 내 사전에 지각은 없다. 그것이 내 책무이고 생활 신조 아닌가. 그렇게 긴장하고 바쁘게 사는 것이 늙지 않는 비법이라면 그 또한 즐거운 일 아닌가.

시월 들어 공복으로 출근한 것이 벌써 몇 번인데, 왜 그런지 몸은 더 가뿐하고 정신은 더욱 맑아지고 있다. 아침의 공복이 의학적으로 나쁘다고들 하지만 정신적으로 육체적으로 아무런 영향이 없으니 묘한 일이다. 더욱이 자신감, 충족감, 생동감, 즐거움, 행복 등 육신과 영혼의 쾌적 상태를 유지하고 있으니 그 아니 좋은가.

이제 가을이 깊어 갈수록 새벽 운동 시간이 줄어든다. 밤이 길어지고 낮이 짧아지기 때문이다. 눈보라 몰아치는 겨울에는 새벽 운동이 불가능하고, 아쉬운 공백이 석 달쯤 계속된다. 그러나 어김없이 봄이 올 것이고 꽃향기 속에 다시 새벽 운동은 시작될 것이다.

시간에 쫓기면서 즐겨온 새벽 운동, 머지않아 퇴직하면 산더미처럼 남아도는 시간 속에서 내가 과연 지금처럼 재미있고 아쉽기도 한 그런 즐거움을 계속 향유할 수 있을까. 그 많은 시간 속에 세상 사람들이 다 그러하 듯 자칫 할 일없이 태만하고 나태해지고 멍청해질 것 아닌가. 정녕 그 때도 내가 즐거울 수 있고 바쁠 수만 있다면 별로 노후를 염려할 필요가 없다. 어쩌면 건강도 두려워 할 이유가 없다.

이제 곧 새벽 여섯 시가 된다. 빨리 이 글을 끝내고 라켓 들고 뒷산으로 가야지. 아내가 다림질 해 놓은 안빌 셔츠가 눈송이처럼 하얀 모습으로 나의 손길을 기다리고 있다.

허허, 재미있는 세상, 즐거운 인생.

나는 아침부터 기분이 좋다.

돼지와 소크라테스

고등학교 1학년 때의 도덕시간. 지금도 그 시간만은 생생하게 기억하고 있다. 선생님께서 흑판에다 '돼지'와 '소크라테스'를 양쪽에 나누어 쓰셨다. 모두들 무슨 말씀을 하시려나 하고 잔뜩 긴장된 순간이었다.

"돼지와 소크라테스! 여기에 대해 아는 사람?"

그러나 교실은 쥐 죽은 듯 조용했다.

"그러면 배부른 돼지와 배고픈 소크라테스! 이렇게도 말 할 수 있는데… 아는 사람?"

어려운 내용에 어느 누구 대답할 사람이 있을 리 없다. 어느 책에선가 읽은 기억이 있는데 하고 생각을 가다듬고 있는데 "권우용" 하는 선생님의 호명이 떨어졌다.

"네" 하고 엉겁결에 일어서긴 했지만 무척 당혹스러웠다.

"무슨 말인지 무슨 뜻인지 모르겠나?"

나는 한동안 옛 기억을 가다듬고 정리하려고 무진 애를 썼다.

"네! 돼지 같은 욕심쟁이 보다는 양심적인 소크라테스가 낫다는 말입니다. 즉, 고생스럽고 배 고프더라도 양심적으로 착하게 사는 것이 낫다는 뜻입니다."

더듬거리긴 했지만 띄엄 띄엄 명백한 대답이었다.

"좋아! 명답이다. 모두들 책 좀 읽어라. 책 속에 학문이 있고 진리가 있고 교훈이 있다. 책 읽어서 남 주는 것 아니다. 그게 실력이야. 알겠나!"

나는 선생님의 칭찬에 얼굴마저 붉어졌다. 책 한 두 권 읽기를 좋아하는 걸 선생님도 알고 계시는 걸까. 졸지에 모범 학생이 된 듯 황홀한 기분이었다.

"오늘 배부른 돼지와 배고픈 소크라테스에 대해서 공부한다. 부자 돼지와 가난뱅이 소크라테스라고 이야기 할 수도 있는데, 배부른 돼지, 욕심쟁이 돼지, 풍요 속에서도 욕심 부리며 수전노처럼 악착같은 돼지와 비록 배는 고프지만 사회와 이웃을 위해 고민하고 희생하고 헌신하는 소크라테스, 올바른 신념에 순명하는 철학자 소크라테스를 비교해서 생각하면서 공부한다. 먼저 양심도 없고 예의도 없이 돼지처럼 혼자 독차지해서 혼자 잘 살려는 부류의 사람들, 생각나는대로 말해 봐!"

"협잡꾼, 도둑놈, 모리배, 소매치기, 탈세범, 매국노, 밀수범, 강간범, 돈 받아먹는 국회의원, 이권 챙기는 높은 사람들……."

급우들의 대답은 우후죽순처럼 쏟아져 나왔다.

"다음, 비록 가난하지만 양심적으로 무엇인가 이웃과 사회와 국가를 위해 고민하면서, 손해가 되더라도 착하고 정의롭게 자신을 희생하며 살아가는 사람, 우리에게 고마운 사람, 생각나는대로 얘기해 봐!"

"선생님, 이등병, 경찰관, 환경미화원, 의사, 교수, 신부, 수녀, 목사, 스님, 공무원, 우체부, 판사, 검사, 간호원……."

급우들의 대답은 한참 이어져 갔다. 선생님은 흑판 양편에 구분

해서 하나하나 받아 쓰셨고, 돼지팀의 욕심쟁이 악한 사람들과 소크라테스팀의 착하고 고마운 사람들의 구분이 멋지게 이루어졌다. 이날 선생님의 강의 내용은 지금도 귀에 쟁쟁하다.

"이 쪽 배부른 돼지들은 사회를 병들게 하고 우리를 괴롭힌다. 저 쪽 배고픈 소크라테스는 좀 고생스러워도 사회를 밝고 맑게 하면서 서로 돕고 사랑하며 인간 사회를 이끌어 간다. 양심을 속이고 법을 어겨 가면서도 혼자만 잘 살려는 욕심쟁이 돼지 같은 사람들이 너무 많아 가슴 아프게 하고 있다.

돼지는 아무리 많이 먹어도 꿀꿀거리며 더 먹어야 직성이 풀리는 욕심쟁이의 대명사지. 남의 것도 빼앗아 먹어야 하고 많이 차지하기 위해 남을 해치기도 하고 불법을 저지르며 수단 방법을 가리지 않는다. 이런 돼지 같은 인간이 많은 사회일수록 살기 힘들고 범죄가 많은 후진 국가가 되는 거다.

반면에 소크라테스는 비록 배고프고 어려움이 있고 손해가 되더라도 착하게 살며 법을 지키고, 사회를 위해 번민하고 고통도 참으면서 밝고 맑은 사회를 위해 자기 희생도 기꺼이 감내 할 수 있는 참 인간을 말하는 거다.

따라서 이런 착한 사람이 많은 세상은 살기 좋은 복지 사회이며, 서로 도우고 이해하고 함께 어울려 행복한 삶을 영위할 수 있는 희망 있고 꿈이 있는 사회라는 거다.

그래서 배부른 돼지보다는 인정을 나누는 소크라테스가 낫다. 욕심쟁이 돼지보다는 사랑을 나누는 소크라테스가 낫다. 부정한 방법으로 잘 살기보다는 정직하게 열심히 사는 것이 참 인간의 길이다.

배부른 돼지와 배고픈 소크라테스는 철학자 존 스튜어트 밀이 설파한 내용인데 다분히 철학적인 내용이라 좀 어렵지만 잘 이해하면 인생의 심오한 진리와 교훈을 담고 있는 말이다. 어쩌면 물질적인 풍요보다는 정신적인 선(善)과 만족을 얘기하며 인생을 어떻게 살아야 하나를 함축하고 있는 내용이다."

선생님은 한 시간 동안 열변을 토하셨다. 나는 가슴 벅차 오르는 감동과 감격으로 내용을 받아 들였다. 그래, 배부른 돼지보다는 배고픈 소크라테스다. 맹세코 나는 소크라테스처럼 착한 삶을 살아가리라.

돼지와 소크라테스의 이 유명한 명구는 그 날 처음으로 가슴 속 깊이 각인되었고, 인생 항로의 나침반인 양 내 갈 길의 방향을 잡아 주었고, 청년기의 인격 형성이나 미천한 교양에도 큰 영향을 주었다고 믿고 있다.

때로는 어려움을 참고 이겨내는 토대가 되기도 했고, 포기하고 절망하던 순간에도 용기와 의욕을 북돋아 주는 활력소가 되었다. 꿈과 희망을 안게 했다고 해도 과언이 아니다. 숙명처럼 가난과 어깨동무하고 살아 온 한평생에, 그래도 착하고 정직하게 살려고 노력했고 아이들에게도 무엇이라도 옳게 가르치려고 타일러 온 것 모두가 선생님의 교훈과 감명에 힘입은 것이라 생각하니, 스승의 깨우침 한마디가 인생을 어떻게 변화시키는 지 새삼 놀라울 뿐이다.

이 풍요로운 과학 문명 시대에 별로 가진 것도 없는 놈이 옛 선비들의 청빈락도를 본받은 듯 욕심 없이 즐거울 수 있는 것도 모두 착하고 고운 마음씨와 바른 양심 때문임을 나는 굳게 믿고 있다.

이제 우리 모두 소크라테스처럼 바보가 되어야 한다. 끝없이 고뇌하고 생각하면서 무엇이 옳고 무엇을 위해 어떻게 살 것인가 한두 번은 생각에 잠겨 보아야 한다. 물질 만능주의가 팽배한 경쟁사회에서 자칫 바보 같은 생각 자체가 능력도 없고 용기도 없는 패배주의자의 넋두리로 비난 받을 지도 모른다.

그러나 양심적이고 착한 바보가 많은 사회일수록 사랑과 인정이 샘솟는 명랑 사회가 이루어지는 것 아닌가. 남이 하니 나도 거짓말 해야지, 남이 치니 나도 주먹질 해야지 하는 이해 득실 속에 인간의 속성은 항상 흔들리는 갈대와 같다.

이럴 때 배고프지만 착한 소크라테스를 생각하며 고운 마음 바른 양심으로 자제하고 이해하고 사랑하고 협조하면, 우리 나라 우리 사회는 한결 행복한 이웃들의 이상향이 이루어지지 않을까.

돼지보다는 소크라테스. 욕심보다는 나눔이고 사랑이다.

정말 소크라테스는 위대한 스승이다.

빨리 빨리

동남아 여행의 중심지, 방콕의 그 유명한 새벽 사원, 왓 아룬의 사진사도 '팔리 팔리' 를 외친다. 파리의 유명한 달팽이 요리점의 웨이터도 빨리 빨리 독촉하는 한국 관광객의 성화에 응수하며 혼자서 '팔리 팔리' 를 외친다. 뉴질랜드 섬 와카래와카래아 민속촌 정문. 토속적인 환영의 인사로 코를 맞부비는 키오라노즈 키스의 사진 컷을 찍기 위해 50명, 100명 줄선 관광객 앞에서 마오리족 추장 차림의 코 큰 녀석도 '팔리 팔리' 를 외치며 즐거운 비명이다.

'팔리 팔리(빨리 빨리)' 는 세계적으로 유행하는 우리말이다. 한국인의 발길이 닿는 지구촌 어느 곳에서나 원주민들이 제일 먼저 배우는 우리말이다. 2차대전 이후 미군이 유행시켰던 '하바 하바' 를 압도하고, 성급하고 다급한 상황을 나타내는 최상의 용어로 세계가 즐겨 사용하고 있는 것이다. 코리안만 나타나면 으레 '팔리 팔리' 이고 이에 호응해서 '어서 어서, 먼저 먼저, 나만 나만' 하는 기분으로 일사천리로 움직이고 생각하고 먹어치우며, 너나 할 것 없이 달려가 듯이 갈팡 질팡 하는 것이 우리 한국인의 기질이고 자화상이다.

왜 이렇게 되었을까? 식탁에 앉았다 하면 식사 시간 5분이면 끝. 위장병 환자가 되려고 작심한 듯 음식 퍼 넣기에 바쁘다. 아내와 즐겁게 사랑을 나누어야 할 시간에도 마찬가지다. 밑어도 없고 무드도 없고 뽀뽀 한 번도 없이 돌격하다 아차 실수, 문전객사하고 보니 남편의 체통도 무너지고 죄 없는 아내는 불감증 환자가 되고 만다.

슬로우 슬로우 퀵 퀵 좀 여유를 가지고 느긋하게 즐긴다면 얼마나 행복한 순간이 될까? 질서는 아름답고 편리한 것. 모두가 줄서고 차례를 지킨다면 훨씬 수월하고 빠르고 문화 국민이 될 터인데 무조건 내가 먼저 옆치기 앞서기에 질서는 무너지고, 밀고 당기고 혼잡만 가중시키고 불쾌감만 더해 준다.

좁은 도로를 달리는 차량마다 목숨을 걸고 과속으로 추월하고 끼어들면서 빨리 빨리만 가려는 조급함 때문에 모두들 저승에 먼저 가고 있지는 않은가.

육교 하나를 만들어도 정밀 시공에 정성을 들여 백 년 견디게 견고하게 해야 하는데 한 달 만에 얼렁 뚱땅이다. 빨라서 좋긴 한데 부서지고 무너져 내린다면 그 무슨 소용이 있단 말인가.

모든 운명이 빨리 빨리에 좌우되고 귀결된 듯하다. 앞뒤 생각 인정 사정 볼 것 없이 남보다 내가 먼저 나 혼자 편히, 나 혼자 많이, 나만이 높게, 우선 챙기고 보자 하는 풍조가 빨리 빨리 증후군이라는 이름으로 우리 사회 전반에 팽배해 있는 것 같다.

빨리 빨리에는 '혼자서 많이' '나만이 먼저' '나만 편하게' '남보다 높이' 라는 극히 이기적인 인간성이 노출되어 있다. 어쩌면 국민성의 어두운 면도 함축하고 있는 것 같아 양식 있는 자들의 마음을 어둡게 하고 있다. 빨리 빨리를 외치면서 군화발로 무르팍

까면서 건설한 경부고속도로가 그러했고, 무너져 내린 성수대교의 수치가 그러했고, 삼풍백화점의 참사가 우리들의 체면과 명예를 웃음거리로 만들지 않았나.

대구 지하철 참사도 안전 불감증 운운하지만 따지고 보면 이 역시 빨리 빨리 조급증 때문 아닌가. 황소처럼 묵묵히 자기 소임을 다하는 은근과 끈기는 어디가고 금방 흥분했다 금방 잊어버리는 냄비근성만 남았는 지 우리 모두가 반성해야 한다. 그리고 느리지만 꾸준히 계속 노력하는 끈기(slow but steady)를 우리는 배워야 한다.

무엇이 우리를 조급하게 만들었나. 우리들이 기꺼이 청산해야 할 빨리 빨리 기질은 오랫동안 살아오면서 어쩔 수 없이 터득한 우리들의 생활, 풍속, 습관, 의식주 등에서 기인하는 것 같다.

그 옛날 열악했던 주거 환경 속에서 단칸방이나 셋방에서 아이들과 부모들과 함께 살았으니 어디 부부간에 사랑할 시간이 있었겠나. 자연히 틈만 나면 무드도 필요 없고 기교도 필요 없이 번갯불에 콩 구어 먹 듯이 빨리 빨리 어서 어서 아이들이 오기 전에 슬로우 슬로우는 없고 퀵 퀵만으로 일을 치러야 하지 않았나.

보리 고개 초근 목피로 연명하던 때 국물 한 숟갈이라도 더 먹으려면 남보다 먼저 설쳐야 했고, 논산 훈련소 식사 시간 5분에 끝내야 하는데 무슨 설명이 더 필요할까. 5분 목욕의 기절초풍할 장면도 겪었고 선착순 집합에 열 번 정도 달려본 느림보는 왜 빨리 빨리가 생명처럼 소중한 지 그 이유를 절감하게 된다.

대중 교통수단도 마찬가지. 지금은 공중 도덕, 교통 질서, 줄서기 운동 등 계몽이 잘 되어 있지만 어려웠던 시절에는 먼저 타는 놈이 최고였다. 질서를 지킨다고 줄서고만 있다간 지각하기 십상이요, 파김치가 되기 마련이다. 차량 행렬 그 무서운 교통 지옥에서 나 혼자 빨리 가려는 속도 경쟁, 추월 등이 사고를 일으켜 교통 사고 사망률 세계 1위의 불명예를 감수해야 하는 것도 따지고 보면 빨리 빨리 나 혼자 먼저 때문이 아닌가.

놀이만 해도 그렇다. 변화 무쌍 예측 불허 속전 속결로 전 국민의 팔 운동과 두뇌 활동에 일조를 한다는 고스톱만 해도 그렇다. 아무리 대박이 가능해도 한 발 앞서 먼저 간 놈이 이긴다. 5분이면 끝이고 3점이면 상황 끝인데 빨리 빨리 챙기고, 추월하는 계산과 기지와 술수가 있어야 항상 승자가 된다.

이렇게 여러 경로를 살펴봤지만 정도보다는 지름길을 가든 지무슨 술수나 편법을 이용하더라도 나만, 나 혼자, 우리만, 우리가 먼저 라는 극심한 이기주의, 출세 제일주의, 황금 지상주의가 우리들의 양심과 질서를 망가뜨리고 살벌하고 심란한 사회를 만들고 있으니 우리들의 선량한 도덕과 질서는 위협을 받고 있는 것이다.

흔히 코리안을 달려가면서 생각하는 사람들이라고 한다. 방향이나 목표 그리고 상황까지 생각한 다음에 달려가는 것이 합리적이고 순서인데 지금까지의 우리 생활에 그럴 여유가 없었던 것 같다.

바쁘고 급한데 우선 뛰면서 목표도 찾고 생각도 설계하며 이루어 나가야 했다. 그래서 수많은 시행 착오와 실패, 웃지 못할 넌센스도 있고 창피스런 참사도 있지 않았는가. 그러나 빨리 빨리 정신으로 땀 흘리고 건설한 덕분에 짧은 시일 내에 고도 경제 성장을 이룬 한강의 기적을 세계는 인정하고 있고 긍정적으로 평가하기도 한다.

이제 세상도 바뀌고 여건도 좋아지고 경제도 발전해서 선진국 대열에 들어섰다. 좀 여유를 가지고 차분히 생각하면서 준비하고 계획해서 튼튼하고 실속 있게 즐길 것은 즐기면서 생각하는 습성, 국민성을 만들어 가야 한다.

빨리 빨리 조급성을 빨리 버려야 한다.

빨리 빨리 이기심을 빨리 고쳐야 한다.

'슬로우 슬로우 퀵 퀵(slow slow quick quick)' 의 묘미를 빨리 터득해서 느긋하고 즐거운 인생을 살자.

졸 업

친구들 만나 인사를 나누고 나면 자연히 대화는 아이들 이야기가 된다.

"아이들 몇이고? 다 마쳤나?"

"응, 2남 1녀인데 나는 졸업했다. 너는?"

이 때 졸업이란 아이들의 학업 끝이 아니라 혼사 끝냄을 말하는 것이다. 내 연배의 친구들 중에 아직도 아이들 혼사를 마무리 짓지 못한 사람들도 제법 많다. 따라서 졸업과 홀가분한 노년 생활을 축하해 줄 때 무척 기쁜 마음이 된다. IMF 때보다 더한 불경기라 하는데 자식 둔 부모 치고 아이들 혼사보다 더 큰 고민과 부담을 주는 일이 어디 있을까.

나 자신 어렵게 살았으니 세 아이의 혼사를 치르면서 겪은 어려움이 어떠했을까. 그러나 무엇인가 준비하고 마련하고 변통하는 데 남다른 재주가 있는 아내가 있었기에 순조롭게 마칠 수 있지 않았나 하고 감사하는 마음 뿐이다.

혼사가 어디 돈만 있다고 되는 일인가. 별로 모은 것도 없는데 엄두도 나지 않는 것을 무슨 계산 무슨 요령으로 계획하고 추진하는 지 그저 멍하니 바라보고만 있은 것 같다.

며느리나 사위는 어떤 사람이어야 되는 지, 어떻게 구해야 하는 지, 사람마다 보는 눈이 다르고 취향이 다르겠지만, 착하고 밉상만 아니면 된다고 생각했었다. 그래서 중매도 좋지만 사귀는 사람이 있으면 언제라도 데려와 인사를 시키라는 당부를 해 두기도 했었다.

그러나 명백히 해 둔 것은 삼불가론(三不可論)이다. 첫째가 머리를 빨강 노랑 물들인 사람, 둘째가 오리 구두 신고 걸음도 옳게 못 걷는 사람, 셋째가 청바지 찢어 입고 다니는 사람을 말한다. 아무리 유행이 좋고 발랄함이 어떻고 국제적인 감각이 무어라 해도 이유 불문하고 이 세 가지만은 받아들일 수 없다고 했었다.

큰 아이 혼사는 쉽게 이루어졌다. 지체 높은 양가집 규수에다 전형적인 한국의 미인상에다 다소곳한 맏며느리 감이라 마음에 쏙 들었는데, 두 사람이 서로 사랑하고 있으니 두 말 할 필요가 없었다.

주위에선 '사' 자 항렬이니 열쇠 세 개를 받았느냐고 부러워했지만 우리는 입도 뻥긋 아니 했었다. 그저 마음씨 착한 며느리가 되었으면 했었다. 다행히 금슬도 좋고 착하고 영리하고 부지런해서 맏며느리를 잘 맞았구나 하고 만족하고 있다.

둘째는 선생님으로 봉직하고 있었는데 여 선생을 만났으면 하고 희망 했었는데 용케도 참한 여 선생님을 데리고 왔다. 좋은 집안의 막내딸이고 학구열도 대단하고 세상 보는 눈이 분명해서 무조건 통과였다.

부부 교사로서 참 스승의 길을 함께 가더니, 어느새 아파트 사고 용기백배해서 열심히 사는 걸 보니 무척이나 기쁜 마음이다. 과중한 업무에 시달리면서도 짬을 내어 공부하더니 함께 석사 학위도 받았다니 얼마나 자랑스러운 지 그저 고마울 뿐이다.

딸 아이의 혼사는 좀 진통이 있었다. 신부 감 선호도 1위인 영어 선생님이었는데, 과분한 자리가 너무 많아 오히려 난처했었다. 격차가 너무나는 큰 부유한 집안은 왠지 싫었다. 또 '사' 자 항렬의 좋은 직업의 사윗감이라도 경제적인 반대 급부를 바라는 상대는 두 번 다시 만나지 못하도록 했다.

딸 아이도 집안 형편을 알기 때문에 성실하게 열심히 살아가는 사람 찾는데 결코 서두르지 않았다. 착하고 예쁜 여 선생이 있다는 소문에 수업 중인 학교로 보러오는 어른들도 있고 해서 당황한 일도 있었고, 회사로 아버지인 나를 찾아와서 사돈하자고 매달린 사람도 있었다.

누가 무어라 해도 딸 아이는 요지부동 오직 성실하고 착한 사람, 무시하지 않고 군림하지 않고 평생을 사랑해 줄 사람을 찾는데 초점을 맞추고 있었다.

그런데 그 혼사도 쉽게 이루어졌다. 미국에서 박사 코스 공부 중인 공학도인데 방학을 맞아 귀국한 것을 한두 번 만나더니 소탈하고 꾸밈 없고 사람 차별 않고 극히 인간적인 성실성이 좋다면서 몇 번 데이트를 즐기더니 급속하게 진전이 되었다. 드디어 5월의 신부로 면사포 쓰더니 석사 코스 공부하러 함께 미국에 갔다가 2년이 못 되어 석사 코스 마치고 돌아왔다.

다섯 식구가 북적대던 우리들의 조그만 아파트에는 이제 두 사람의 노인만 남았다. 세 그루의 꿈나무를 키우느라 밤낮 염려하고 신경 쓰던 것이 어제인 듯 한데 인생의 반려인 제 짝을 만나 새 가정을 이루어 모두들 흩어져 살아가니, 남은 것이라곤 어쩌면 허무나 외로움 뿐인 것 같기도 하다.

토요일은 무조건 아이들이 모인다. 손자 손녀 외손자까지 합쳐 웃고 떠들고 싸우고 노래하며 왁자지껄 야단이다.

문득 아이들이 보고 싶은 평일에는 전화로 만난다. 어린 것들 어리광도 듣고 노래도 듣고 책도 읽어 보라면서 이런 것이 행복 아닌가 하고 즐거워한다. 가끔 헤어져 각자의 길을 가는 것이 숙명이려니 하고 체념하면서도 이것이 인생의 길이거니 하면서 잘 자란 아이들에게 감사와 긍지를 느끼며 보람과 행복도 느낀다.

집안 혼사가 있을 때마다 누누이 강조했던 것은 성실과 노력과 그 능력이 첫째였다. 많을수록 좋다는 돈이나 재산은 꼭이라는 필수 조건은 아니다. 성실하고 착하고 능력 있으면 금방 모을 수 있는 것이 재물이다. 반면 재력만 믿고 안일하고 태평하게 살면서 사치하고 방종하고 탈선해서 가정의 파탄을 맞이한 사례들을 너무나 많이 보아오지 않았나.

세상의 행복이란 조그마한 것에서부터 하나하나 만들어 가면서 키워 나가는 것이지 돈 있다고 큰 행복 하나 덜렁 사 올 수 있는 것이 아님을 명심해야 한다. 물론 교육이나 가문이 고려 사항이 아닐 수 없다. 그러나 양갓집이나 대학 졸업이 밥 먹여 주는 것은 아니지 않는가. 오히려 필요한 것을 이루고 해 나갈 수 있는 능력과 기술이 더 중요하지 않을까. 그래서 자격증이나 독자적인 능력을 더 우선으로 꼽는 것이다.

욕심도 갖지 말기를 권하고 싶다. 엉뚱한 부잣집 명문대가의 층층시하 집안은 오히려 피해야 한다. 비슷한 형편 비슷한 환경의 균형 이룬 결합이 더 바람직하다. 열심히 살면서 이야기가 통하고 인정이 통하는 보통 집안의 평범하고 소박한 인연이 훨씬 마음 편하고 좋은 것이다.

이렇게 아이들의 결혼을 회상해 보았지만 역시 잘 마쳤구나 하며, 욕심 없이 무리 없이 치루어 낸 아내의 판단이 옳았구나 하면서 흡족해 한다.

아이들에 대해서는 무엇 하나 걱정이 없다. 사회의 역군으로 적응하고 봉사하며 자리를 잡아가는 모습이나 틈틈이 공부해서 정진하려는 그 정열 같은 것이 양가 부모를 모두 기쁘게 해주고 있으니 말이다.

이제는 손자 손녀 외손자의 재롱과 자람이 또 다른 행복이 되어 나를 기쁘게 한다. 책 읽는 소리, 노래 소리, 싸우며 우는 소리, 모두가 즐거움이 되고 기쁨이 된다. 나는 토요일 아이들이 다 모이는 그 날을 기다리며 산다.

졸업! 부담이 없고 홀가분해서 너무 좋다.

동지 섣달 긴긴 밤에

동지 섣달 긴긴 밤에 잠만 잘 것인가.

황금 같다는 귀한 시간을 히히덕거리며 TV나 보고 있을 것인가. 아니면 술판을 벌여 곤드레 만드레 취하든 지, 고스톱 판을 벌여 판돈 몇 푼에 눈독을 들이며 허송세월 할 것인가.

평생 이룬 것 없고 모은 것 없이 어쩌면 평범하게 어쩌면 바보 같이 살아 온 나의 인생, 이대로 좋은가. 곧 머지않아 이름 없이 잊혀져 갈 인생, 너무나 부끄럽지 않은가.

그러면 무엇을 할까. 어떻게 해야 하나. 동지 섣달 긴긴 밤을 그것도 며칠 밤을 곰곰이 생각했었다.

그래, 글을 써 보자. 한 권이라도 책을 써 보자. 그래서 새벽 기상을 계획하게 된 것이다. 요사이 유행하는 새벽형(아침형) 인간을 나는 30여 년 전부터 살고 있는 것이다.

TV 드라마 밤 세워 보아 무슨 발전 있었나. 소주 마시며 밤새 떠들어 무슨 소득 있었나. 엉뚱한 공상으로 아방궁 짓고 삼천 궁녀를 품어본 들 모든 게 일장 춘몽이고 남가 일몽인데 마음만 싱숭 생숭 불면증에 육신만 멍들고 밤이 무서워져 오지 않았나.

밤 9시에는 무조건 잠을 청하며 생체 리듬을 스케줄에 맞춰 보았다. 처음 며칠은 어려운 듯 했는데 일주일쯤 지나니 모든 것이 순조롭게 적응이 되었다. 육체의 적응 능력이나 자율 신경 조절 능력이 지극히 정상이라 잠 깨면 2시 또는 3시다. 눈곱 씻고 냉수 한 잔 마시면 어찌 그리 정신이 맑은 지, 명경지수 고요하고 맑은 물처럼 마음은 차분하고 그 어떤 잡념도 있을 리 없다. 삼라만상 사위가 잠들었으니 소음도 없고 적막감만 더 한다.

조그만 밥상 하나 당겨놓고 종이와 연필을 잡는다. 글을 쓴다지만 어디 쉽게 글이 되나. 처음부터 글쓰기를 배운 게 없으니 우선 생각나는대로 초등 학생 작문처럼 붓 가는대로 적어 본다.

살아 온 지난 이야기, 고생 많고 배고팠던 이야기를 써서 과연 누가 읽어 줄까. 그러나 어느 누구 알아주는 사람 없다 해도, 아들 딸 며느리 사위 그리고 어린 손자 손녀들은 아버지 할아버지 글이니까 읽어 주겠지 하는 마음으로 글을 쓴다.

이 책에 실린 대부분의 글이 이 새벽 시간에 씌어진 걸 생각하면, 실로 인간은 마음만 먹으면 많은 걸 이룰 수 있다는 걸 깨닫게 된다. 밤잠 멀리 하고 새벽 2, 3시에 웅크리고 앉아 머리를 짜내고 있다면 세상 사람들은 웃지 않을까.

어디 글이 줄줄 씌어진다면 얼마나 좋으랴. 생각이 좁고 배운 것이 그것 뿐인 걸 어쩌겠나. 그래서 자연히 글쓰기는 고통이 되기도 하고 영혼을 쥐어짜는 고문이 되기도 한다.

한 줄의 글 때문에 두 시간을 붓방아 찧던 일도 있다. 토씨 하나 때문에 한 시간을 생각하기도 한다. 글의 흐름이 막혀 며칠을 끙끙 앓으며 신음하고 진통하는 아픔도 감수한다. 쓰고, 고쳐 쓰고, 또 다시 고쳐 쓰고, 노력을 이기는 천재는 없는 법이다. 땀과 노력으로 한 편의 글을 완성한다.

그 순간 고통과 아픔은 물거품처럼 사라지고 오히려 기쁨이 되고 보람이 되어 나의 가슴을 고동치게 한다. 그 기쁨, 그 희열은 밤새운 노력과 노고의 대가를 보상하고도 남는다. 아픔과 진통으로 극심한 산고를 겪은 산모의 마음 같은 거겠지. 아이를 품에 안고 행복해 하는 엄마의 마음이 그러 하겠지.

그런데 나도 모르게 두려움이 내 가슴 한 구석을 차지하고 있는 것은 또 무엇일까. 어느 누가 웃지나 않을까, 무엇이라 생각할까, 글의 내용을 이해나 할까 하는 노파심에 글을 덮어 두고만 싶은 것이 솔직한 심정일 때도 있다.

뛰어난 명문이 아니면 어떠랴. 꾸밈없는 한 인간의 이야기면 되었지. 무슨 기교나 글 재주가 필요한가. 진솔하고 거짓 없는 이야기를 쓰고 싶다. 바보처럼 살아 온 내 인생의 반성과 교훈을 쓰고 싶다. 어쩌면 나 같은 바보가 있다면 읽고 공감하며 고달픈 인생길에 무엇인가 느끼고 배울 것도 있지 않을까.

온 몸이 싸늘해진다. 새벽 바람이 차가운데 어머나 벌써 다섯 시가 되었군. 오늘은 영하 7도라 하니 담요라도 뒤집어 쓰고 앉아야 되겠군. 털 스웨터에 방한복에 담요까지 뒤집어 쓴다면 내 모습은 어떤 몰골일까. 세상 사람들이 웃는다 해도 나는 내가 싫지 않다. 오히려 자랑스럽다.

나는 새벽이 좋고 글쓰기가 좋다. 내가 좋아서 하는 일, 글쓰기는 나의 버릴 수 없는 기쁨이다.

엄마 마음 아빠 마음

새천년 즈문 해의 첫 산행. 땀 흘리고 가쁜 숨 몰아쉬며 적성산 정상에 올랐다. 험한 길 쉬지 않고 올라보니 이것이 인생이고 삶이다. 시원한 조망, 기분은 상쾌하고 날아갈 듯하다. 새 마음 새 결심으로 붉은 해를 향해 섰다. 낙오 없이 밀고 당기며 자리를 같이 한 아내의 미소가 곱다.

"우리 고운 마음 새로운 결심으로 야호 한 번 하입시더. 먼저 큰아이, 재철이 재연이 나윤이 현이 가족의 건강과 행복을 위해, 야호!"

두 사람의 산 메아리가 산야에 곱게 흐른다.

"다음 둘째, 재승이 민정이 영진이 태훈이 가족도 참 스승의 길을 가도록, 야호!"

산 메아리가 굽이 굽이 계곡 따라 흐른다.

"끝으로 우리 혜영이 가족도 정서방과 진우가 모두 건강하도록, 야호!"

산 메아리가 여운처럼 흐른다.

"이제 우리 두 사람의 건강을 위해 한 번 더……."

"안 돼! 네 번째 소원은 욕심쟁이라고 절대 들어주지 않는다고 했어. 우리는 이대로 괜찮아. 당신 건강은 내가 빌어줄게."

"그럼, 당신의 건강은 내가 빌게. 여보, 당신 건강하세요!"

아내와 나는 두 손을 꼭 잡았다. 이제 우리 두 늙은이 무슨 소망이 더 있을까. 무슨 욕심이 더 있을까.

3년 전 평생의 소원이 이루어져 금강산 관광을 갔을 때도 그랬다. 만물상 비경을 마주하고 우뚝 선 천선대 정상. 북한 안내원들이 살피고 있는 자리인지라 말 한마디가 조심스러운 자리인데, 갑자기 어느 여인의 고함소리가 터져 나왔다.

"재철아 재승아 사랑한다아-"

"혜영아 사랑한다아-"

"나윤아 현아 영진아 태훈아 진우도 사랑한다아-"

금강산 아름다운 계곡, 일만 이천 봉 크고 작은 봉우리에 아내의 소망이 메아리가 되어 흐르고 있었다. 순간 허겁지겁 놀라고 당황한 것은 나였다. 안내원들의 눈치를 살피느라 정신이 없었는데, 오히려 북한 안내원들은 박수라도 칠 듯이 활짝 웃고 있었다. 대담하고 멋있는 여자, 달려가서 와락 어깨를 쓸어안았다.

언제 어디서나 아이들의 건강과 행복을 비는 마음, 얼마나 아름다운 모정인가. 얼마나 고운 정성인가.

아이들아! 이것이 엄마 마음 아빠 마음이란다.

열심히 살아라.

건강하게 살아라.

주책

얼마 전, 영암 월출산을 올랐었다. 용하게도 뒤쳐지지 않고 정상에 오른 아내가 대견스럽고 자랑스럽게 느껴져 무척 기분이 좋았다.

늦게 집에 돌아 왔을 때 웬일인지 아내가 무척이나 젊고 아름답게 느껴졌다. 샤워를 하면서 온 몸에 기운이 솟구쳐 문득 사랑하고 싶은 감정이 일었다. 쓰러질 듯 버티고 선 노목처럼 일흔에 접어드는 늙은이가 사랑의 욕망을 느낀다는 게, 순수하고 아름다울 수도 있지만 자칫 주책이라는 핀잔이나 듣지 않을까 해서 조심스레 신호를 보냈다.

아니나 다를까, 아내의 첫 반응은 단호한 거절이었다.

"영감님이 주책이시네. 청춘인 줄 아시나 봐!"

역시 주책이라 했다. 주책? 주책이 무엇인가. 사전에는 '이리저리 궁리 끝에 생각한 꾀' 라고 되어 있는데, 엉뚱한 행동이나 말이나 꾀를 말하는 것일 게다. 되지도 않을 일을 억지로 도모한다면 이는 정녕 비난받아 마땅하다. 그러나 둘만의 오붓한 사랑, 몸과 마음이 하나가 되어 함께 즐겨온 사랑이 아닌가.

그런데 새삼스레 주책이라니. 엉뚱한 장소, 엉뚱한 분위기에서의 요구는 주책이지만 둘만 함께 있는 자리에서 함께 나누는 사랑과 밀어가 어찌 주책이란 말인가.

순간 찬물을 끼얹은 듯 정신이 번쩍 들었다. 무어라 한 두 마디 항의성 발언을 했는데 아내의 태도는 더 완강해졌다.

"청춘인 듯 착각 마시고 자중자애 하세요."

문자까지 사용하면서 사뭇 훈계조다. 지아비로서의 체통과 남아 대장부의 자존심이 상해 방으로 물러났다. 모든 욕망이 풍선에 바람 빠지 듯 식어가면서 외로움과 허무만 가슴 가득 했다. 사람의 자존심을 이렇게 무시하다니. 다시는 사랑하지 않으리, 절대 구걸하지 않으리라 굳은 결심을 가슴에 안았지만 기분은 우울하고 난감했다.

밤잠을 설치며 생각했다. 별의 별 궁리를 해 봤지만 뾰족한 방법이 있을 리 없었다. 단식 투쟁? 나만 손해이고 직장 근무도 있는데, 안 돼! 옳지, 침묵 투쟁, 그래 침묵 투쟁이다. 내 기분도 이해하고 협조적으로 변하겠지. 그래서 침묵 투쟁 말 안하기 시위가 벌어졌다.

아침에는 밥 한 술 뜨고 손수 물 한 잔 마시고 양치질하고 말 한마디 없이 출근했다. 저녁에도 퇴근해서 저녁 한 술 뜨고는 또 물 마시고 방에 들어와 TV 켜고 신문 보고 책 읽다가 한마디 말없이 잠자리에 들었다. 곧 나의 뒤틀어진 마음도 알게 될 것이고 예전처럼 다정하고 따사로운 아내가 되겠지 하는 마음으로 이틀 사흘이 지나고 일주일이 지났다.

그런데 이게 웬일인가. 변하기를 바란 아내는 역시 침묵 시위로 맞대응하 듯 말 한마디 없이 무표정하게 내색도 없이 집안 일만 할 뿐이다. 더구나 무엇이 즐거운 지 딸 아이와 큰소리로 이야기

하다 웃기도 하고 며느리와 손녀 나윤에게 전화해서 즐거운 이야기를 주고 받는 것이었다.

가슴 아프고 외롭고 괴로운 건 나 뿐이고 아내는 나의 투쟁, 나의 시위를 즐기고 있는 듯 모든 것이 즐겁고 활기차기까지 하다. 괜히 화도 나고 심술이 나서 견딜 수가 없었다.

감히 나를 비웃고 있다니, 불행하게도 내가 웃음거리가 되다니, 세상에 이런 수모가 어디 있담. 무슨 좋은 방법이 없을까. 묘안은 떠오르지 않고, 결국 항복하고 투항하는 수밖에 없는가. 점점 의기소침해지고 의욕도 꺾이고 스트레스는 쌓였다. 정말 집에만 들어오면 집 멀미 환자가 된 듯 말문이 막히고 가슴도 답답해서 몸과 마음이 10년은 늙어진 듯 허망해져 갔다.

그런데 어느 날 신문에 60대 노인들의 성생활에 대한 기사가 실렸다. 설문조사에 의하면 일년에 한 번 또는 아예 임포가 된 사람이 70%를 넘고 있다 하지 않는가. 40대 50대에도 임포가 있는 세상에 그럼 나는 무언가. 이 나이에 가능하다는 그 자체가 얼마나 자랑스럽고 대견한 일인가. 얼마나 기쁘고 즐거운 일인가.

희망과 용기가 솟구치면서 만세라도 부르고 싶었다. 그 해설 기사에는 60대 노년기의 성생활은 건강과 행복을 위한 자극제이며 특히 치매, 전립선 질환, 골다공증, 우울증 등의 예방에 필수적이고 효과적이니 가능하면 인생을 즐기면서 기쁨과 행복을 함께 하는 것이 바람직하다는 내용이었다. 더구나 불능 환자들에게는 비아그라, 씨알리스가 있어 보급이 되고 있다면서 최후까지 절대 포기하지 말라고 되어 있지 않는가.

그럼 그렇지, 내가 괜히 욕심을 내나. 우리 두 사람 치매에 걸리기 싫고 골다공증 병마에 대한 예방으로 좋은 일을 하려는 것 뿐인데, 비아그라 힘 빌리지 않고 보약 필요 없고 건강식도 필요 없고 사랑만 해도 얼마든지 건강할 수 있는데 이를 주책이라니 아내는 바보다. 몰라도 그렇게나 모를까.

한편으로 뛸 듯이 기뻤지만 한편으론 슬그머니 화도 났다. 건강에 대해서 그토록 무지할 수 있단 말인가. 부잣집 마님들은 건강식이다 정력제다 하면서 귀한 약제 구해다가 영감들에게 먹이고 회춘하기 기다리는 그 심정도 모른단 말인가.

스크랩한 그 신문기사를 책상 위 보기 좋은 곳에 놓아 두고 출근했다. 청소하러 방에 들렀다가 틀림없이 읽어 보겠지. 그럼 내 심정 이해해 주겠지 하는 생각에 종일 업무가 즐겁고 기분도 밝아졌다.

퇴근 후 아내의 기분을 살폈다. 묘한 웃음을 띠기도 하고 즐거워하는 듯하지만 특별한 내색이 없으니 답답하긴 마찬가지다. 틀림없이 신문기사를 보았을 것이고 어쩜 내가 돌진해 오기를 기다리고 있을 지 모르지만 참고 기다려야지.

그러나 아내의 반응은 감감 무소식이요, 딸 아이 방에서 좀처럼 옮겨 올 생각을 않는다. 같은 아파트 한 집에 살면서 이산 가족이 되고 별거 생활이 되었구나 생각하니 엉뚱하게 쓴 웃음이 터져 나왔다.

옳지, 그럼 이것을 글로 써 볼까. 어차피 몇 십 편의 글을 써야 하는데 '주책'이란 제목으로 글을 쓰면 멋있지 않을까. 아내와의 헤프닝을 글로 쓰면 이야기 거리가 되겠지. 그래서 새벽까지 이 글쓰기를 계속했다.

숨길 것 없이 과장할 것도 없이 있는 그대로 담담히 써 내려갔고, 이것 역시 아내가 볼만한 곳에 펴두고 출근을 했다. 이번에야말로 무슨 반응이 있겠지.

그러나 그날 밤도 역시 무표정하게 담담한 모습 그대로 변한 것이 없다. 어쩌면 웃는 것 같기도 하고 따뜻한 시선에 그리움을 담은 듯도 하지만 역시 딸 아이와 통화가 깔깔깔 즐겁기만 하다.

토요일은 아이들 식구가 다 모이는 날이다. 아이들에게는 침묵시위의 낌새를 주면 안 되기에 아내와 나 사이에는 임시 언로가 개통되었다.

위장된 대화가 몇 마디 오고 가고 자연스럽게 함께 웃기도 했다. 일주일 동안 밀린 얘기에다 손녀 나윤이의 재롱과 노래에 박수치고 웃다가 방으로 물러났다. 큰 아이의 병원 이야기를 묻고 치매 이야기를 하다 문득 기발한 아이디어가 떠올랐다.

"아빠 친구 한 사람이 나이는 아빠와 동갑인데 할머니하고 발란스가 맞지 않아 이혼까지 생각하는 모양인데, 나이도 많은데 할머니 괴롭히는 건 아무래도 영감이 주책이제?"

눈치를 살피며 슬그머니 물어 보았다.

"그건 전적으로 할머니 잘못입니다. 며칠 전 신문에도 안 났습니까? 치매, 골다공증, 우울증 등 노인성 질병 예방에도 성생활은 꼭 필요합니다. 꼭 그렇게 협조가 안 되면 이혼 사유가 되는 수도 있습니다. 현재 70살이면 앞으로 10년을 더 산다면 80인데, 사랑을 즐기고 못 즐기고에 따른 스트레스나 무력감, 신진대사, 즐거움 같은 걸 따져보면 2년 내지 3년의 수명 단축이나 수명 연장이 된다고 생각해야 합니다."

전문의답게 큰 아이의 설명은 조리 정연했다.

"그럼, 사랑 안 하면 2~3년 빨리 죽는다 그 말이제?"

"예. 사람마다 차이야 있겠지만 그 정도로 생각할 수 있습니다. 그래서 비아그라를 노인들의 구세주라 하지 않습니까? 정력제, 보신제 먹고 건강하게 늙으려 큰 돈 쓰는 이유가 다 거기에 있는 것 아닙니까?"

"그럼 그렇지. 그 할매는 그것도 모르고 까불고 있제? 영감이 2~3년 빨리 죽어도 좋다 그 말 아이가."

나는 순간 나도 모르게 악을 쓰 듯 고함을 지르고 있었다. 순간 응접실의 아내와 며느리들의 대화가 끊겼다.

"철아, 아빠가 웬 고함이고?"

아내의 놀란 목소리였다.

"아빠 친구 한 사람이 이러이러하고 해서 할머니와 사랑을 못하고 이혼을 한다는데 그러면 2~3년 빨리 죽는다고 말씀 드렸습니다."

큰 아이의 설명하는 소리가 들리더니 곧 이어 웃음소리가 터져 나왔다. 옳지 되었다. 이제는 아내도 알아들었겠지. 하지만 며느리들이야 어찌 내 이야기인 줄 꿈엔들 알랴. 만세라도 부르고 싶었지만 기분을 가라앉히고 그날 밤 책 읽다 먼저 잠자리에 들었다.

얼마를 잤을까. 꿈 속인 듯 온 몸에 따뜻한 체온이 전해지면서 무서운 힘이 솟구치고 있었다. 손을 뻗으니 그 곳에 아내의 포근한 촉감, 아내의 몸과 마음, 숨소리와 향기가 나를 기다리고 있었다. 으스러지게 끌어안았다.

부부는 일심동체인데 무슨 말이 필요하랴. 나 아닌 또 하나의 나라고 했던가. 내가 네가 되고, 네가 내가 되는 것이 부부이고, 비는 구름이고 구름은 비인 것을. 굳이 비와 구름을 따로 생각할 필요가 무엇인가.

“건강해야 한다. 사랑하지 못하면 그 때부터는 죽어가고 있는 거다. 알았제?”

귓가에 대고 감미롭게 속삭여 주었다.

“나도 압니다. 당신 건강 생각해서 그런 겁니다. 너무 욕심 내면 안 됩니다.”

그렇게 해서 70세의 늙은 청년이 난생 처음 벌인 프로테스트(protest), 침묵 시위는 십여 일만에 해피엔딩으로 끝났다.

소중하고 아름다운 사랑의 불씨, 그 불꽃이 꺼지는 날 우리의 인생도 끝나는 것 아닌가.

나는 비아그라가 무언지 모른다. 다만 건강하고 즐거울 뿐이다. 이는 필시 하늘의 은총이고 축복이다.

아름다운 사랑이여!

꺼지지 않는 사랑의 불꽃이여!

지족상락(知足常樂)

내가 살고 있는 진주의 중심가에도 날아갈 듯한 고층 건물이 여러 채 있다. 서울이나 부산 대구 등 전국 대도시 어느 곳에나 번화가는 있게 마련이고 잘 지은 신축 건물들이 우후죽순처럼 솟아 있지 않는가.

처음 그런 장소 100여 평의 금싸라기 땅 위에서 사업을 크게 일구어 성공한 사장님들, 자연히 재력이 쌓이고 지위를 얻어 떵떵거리는 신분이 되면 누구나 주위의 시선을 느끼게 되고 우쭐해진다. 그 사장님들, 언제부턴가 슬그머니 욕심이 생기면서 5층 또는 10층 정도 빌딩을 올리면 전세 돈 왕창 들어오고 공짜 건물 생기고 큰 부자가 된다는 꿈을 안게 된다.

요리 조리 계산하고 궁리해 봐도 일거 양득 꿩 먹고 알 먹는 격이라, 대지 담보에 몇 십 억 대출 받아 이렇게 하고 저렇게 해서 날씬한 빌딩을 설계 신축한다. 폼 나게 테이프 컷팅에 낙성식도 하고 모든 사무실은 임대가 끝나 그야말로 문전 성시 대박 대통 돈방석에 올라앉아 꿈인가 생시인가 원더풀을 구가한다.

대표이사 사장에 재력가 유지 행세로 어깨에 힘 주고 룸 싸롱은 안방 드나들 듯 한다. 미희들은 언제나 굽신 굽신, 벤츠 타고 골프장에나 다니며 나이스 샷만 외치니 위상이 변하여 얼굴도 밝아지고 재벌이 별거드냐 재물이란 이래서 좋은 것, 돈 밖에 더 있더냐.

그런데 꿈엔들 생각했으랴. 호사다마라 했던가. 일장춘몽에 남가일몽이라 하지 않았나. 그놈의 IMF가 뭔 지, 어느 날 갑자기 밀어닥친 날벼락에 그만 혼비백산 정신이 아찔해진다. 대출은 막히고 금리는 오르고 불경기에다 부도에다 폐업에다, 별의 별 사고 실패 불상사가 겹치더니 문을 닫는 업소가 속출한다.

너도 나도 전세금 반환을 요구하니 항우 장사라도 견뎌 낼 재간이 없다. 거둬들였던 전세금 다 돌려주고 그것도 모자라 대출 내어 돌려 주고, 또 대출로 이자 주고 또 대출 내어 이자의 이자 주고 대출금은 눈송이처럼 커진다. 그에 따른 이자는 고무풍선처럼 커지기만 하는데 사무실은 텅텅 비고 일 년 이 년 악전고투 참고 노력해보지만 연체에 멍들다가 결국은 압류에 경매로 빼앗기게 된다.

100억 짜리가 반값에 넘어가며 찾은 것은 아파트 전세금도 안 되며 좀 규모가 적은 것은 헐값에 넘겨주면서도 빚잔치도 안 된다. 금싸라기 땅 없어지고 건물 빼앗기고 알거지가 되어 살길은 막막하고 빚 독촉에 숨어 지내야 할 형편이니 사람 팔자 시간 문제다. 정신은 오락가락 서울역 지하도 노숙자 신세다. 오호통제라.

이처럼 억울하고 가슴 아프고 통곡해도 소용없는 참사가 어디 있단 말인고. 더욱 가슴 아픈 것은 어느 누구 하나 동정하는 사람 없고 오히려 안하무인격으로 아랫 사람을 물로만 보더니 거 잘 되었다 하면서 비웃기라도 하는 듯 수군 수군 웃는 소리만 들리니 머리 들고 살 수도 없게 된다.

모두들 그 원인을 IMF 때문이라 한다. 옳은 말이다. IMF가 아니었다면 이런 비극이 꿈엔들 있었을 건가. 맞는 말이다.

그런데 아무리 IMF가 원인이라 해도 더 성실하게 내실을 다지고 발전한 사장들도 많으니 이상하지 않은가. 욕심 부리지 않고 허욕 버리고 자기 역량껏 생업에 종사하며 실력을 키워 온 사장들은 아무도 망한 사람 없고 모두 자기 재산 지니고 나무가 자라 듯 발전을 계속하고 있으니 말이다.

자세히 살펴보면 IMF만이 원인이 아니고 과욕 허욕이 파멸의 불씨가 되었음을 알 수 있다. 적어도 자기 자본 70~80% 가지고 변신이나 도약을 계획하고 추진하는 것이 옳은 일 아닌가. 세상사 다 그러하지만 사업하는 사람에겐 과욕이란 말 보다 더 무서운 말은 없다.

잠시 욕심의 반대말인 만족을 생각해 보자. 사업이 성공적으로 계속되고 있었다면 이에 만족하고 모으고 쌓고 기다리며 전력투구 더 열심히 했었어야 했다. 기다리는 미덕과 참고 견디는 인내와 적당한 시기 선택에 좀 더 신중했어야 했다는 교훈을 얻어야 한다.

그럼 만족은 무엇인가. 마음이 흡족한 것, 더 이상 바라지도 않고 욕심 내지 않는 상태를 말한다. 집 없는 사람이 작은 집 하나를 소원하다 노력해서 이를 이루었다면 이에 만족해야 한다. 다시 더 큰 집을 희망한다면 모으고 저축해서 서서히 이루어 나가면 되는 것이다.

여기에는 나무가 자라서 열매를 맺 듯 키우는 정성과 기다리는 인내도 있어야 한다. 반드시 나무는 몇 년을 자라야 열매를 맺는데 나무는 키우지 않고 돌보지 않으면 영양 실조에 허약 체질이 되기 때문에 풍성한 결실을 먼저 기대하는 것은 순서가 아니다. 작은 것을 욕심 내고 만족을 알면 절대 실패가 있을 리 없다.

헐벗고 굶주린 생활을 했다면 당연히 그 사람의 소망은 따뜻한 끼니와 오두막 하나가 될 것이다. 노력해서 이를 이루고 좀 더 큰 희망을 안고 다시 분발하면 된다. 한 발 한 발 사다리 오르 듯 단계도 필요하고 순서도 필요하고 역량의 비축도 필요하다.

하루 하루 열심히 살면 무엇인가 이루어지고 그래도 성실하게 또 하루 하루를 땀 흘리며 살면 더 큰 것이 이루어지는 것이 삶이고 인생이고 성공이다. 한 탕이나 대박의 엉뚱한 꿈을 버리고 분수를 알고 감사도 알면서 어쩌면 만족할 줄도 알면서 하늘 본연의 뜻대로 성실하게 사는 생활이라야 하늘 아래 부끄럼 없는 인생이 된다.

만족은 대개 궁전에서 보다 오두막살이에 머문다고 한다. 생활이 풍족하고 안일하면 자연히 학업에 힘쓰지 않으며 불평 불만만 안게 된다. 또 사치와 열락에 빠져 자칫 몸과 마음을 망치고 풍요 속에서도 욕심 내고 시기하고 싸움하는 인생을 살게도 된다.

반면 가진 것 없이 가난한 오두막에도 따뜻한 사랑과 이해가 있고 공부하고 노력하는 땀이 있고 꿈과 희망이 있을 때 세상의 작은 일도 기쁨이 되고 즐거움이 된다. 조그만 이룸도 만족이 되고 조그만 소유도 감사하게 된다. 그래서 인생은 아름다운 것이 되고 가족과 이웃 모두는 남남일 수 없는 형제가 되어 함께 웃고 즐기는 이상향도 이루어지는 것이다.

만족할 줄 아는 사람은 가난하고 천하여도 또한 즐겁다. 그러나 만족할 줄 모르는 사람은 부하고 귀하여도 또한 근심한다. 너무 큰 것 욕심 내지 말고 내 마음 내 실력 내 분수에 맞게 설계하고 이루어 갈 때 만족도 저절로 얻어지고 기쁨도 즐거움도 행복도 저절로 찾아 든다.

지족상락(知足常樂). 만족을 알면 항상 즐겁다. 만족을 모르면 항상 불평 불만이고 욕심이고 지옥이다. 그러나 만족을 알면 세상은 곧 즐거운 것이고 아름다운 것이다. 인생은 곧 가슴 흐뭇하게 기쁜 것이며 누구에게나 감사하며 고운 마음 바른 양심으로 살아가게 된다.

과유불급(過猶不及). 욕심이 지나치면 모자람만 못하다. 우리들의 생활을 살펴보면 많은 것보다 모자라는 것이 훨씬 좋을 때가 많은 것 같다.

재산은 많을수록 좋다지만 남에게 빌리지 않을 정도면 된다. 너무 많으면 자손들은 게을러지고 학업에 태만하고 방탕하기 쉽다. 음식은 적당히 먹어야 적정 건강 체질을 유지해서 무병장수 할 수 있다. 산해 진미 욕심 내서 얻는 것은 성인병이고 문화병이다. 이는 곧 생명 단축을 의미한다.

술은 주지화지(酒之和之)라 해서 적당할 때 마치는 게 최상이다. 과음해서 고주망태가 되면 주정 주사 추태 탈선 등으로 가족과 이웃을 가슴 아프게 한다. 자신도 모르는 사이에 건강 악화의 병자가 된다.

짜릿한 사랑도 많다고만 좋은 것이 아니다. 존경과 사랑을 함께 하는 아내가 있으면 되었지 괜스레 쾌락을 욕심 내며 불장난으로 그 도를 넘치면 패가망신하고 생명을 재촉하는 40대 약골이 되고 만다.

버려야 할 것은 욕심이고 허황한 꿈이다. 반면에 지녀야 할 것은 조그마한 것에 만족하고 작은 것에 감사하며 그 만족 속에 인생을 즐겁게 살아가는 지혜다. 그래서 행복하기를 바란다면 가난과 역경 속에서도 즐거워하기를 배워야 한다. 스크루지처럼 많이 가졌으면서도 욕심 때문에 스스로 만족하지 못하고 마음이 가난한 사람이 되어 불쌍하게 살아가는 수전노는 되지 말자.

가진 것 많지 않지만 작은 것에 만족하고 인정과 사랑을 가지고 세상을 따스한 눈으로 바라보는 사람, 꿈이 풍부하고 감사가 충만한 그런 사람, 그런 부자가 되어 세상을 즐거이 살자.

진주에 살면서

전국 어느 곳, 어느 누구라도 인사를 나누면서 진주에 사노라고 하면 참 좋은 곳에 산다면서 부러워한다. 처음에는 으레 인사로 하는 말인 줄 알았는데 알고 보니 진정 진주를 살기 좋은 고장으로 알고 있는 모양이다.

여행을 좋아해서 전국의 이름 난 곳 많이 다녀 보았지만 진주보다 더 아름답고 살기 좋은 곳도 없는 것 같다. 서부 경남의 거점 도시로서 산업 교육 교통 문화 예술의 중심지이다. 또 맑고 깨끗한 환경 속에 많은 문화 유산을 간직한 역사의 고장이고 수많은 충절의 인물을 배출한 호국 정신의 요람이기도 하다.

진주라 하면 우선 생각나는 것이 남강이고 촉석루이며 진주 성지와 논개의 충절을 들 수 있다. 남강변에 서서 푸른 강물을 바라보노라면 “강낭콩보다 더 푸른 그 물결 위에 양귀비 꽃보다 더 붉은 그 마음 흘러라” 라고 노래한 수주 변영로의 논개시비가 말해주고 있 듯 임진왜란 당시의 진주성 대첩을 기억하게 된다.

김시민 장군 이하 칠만 민관인들이 장렬히 순절하던 그 모습 그 함성이 지금도 진주성 곳곳에서 살아 있는 듯 들려오는 것 같다. 왜장의 목을 끌어안고 의암 아래 남강으로 뛰어드는 논개 부인의 충절어린 영혼도 아직 살아 숨쉬 듯 흘러 흘러 몇 천 년 남강은 변함없이 푸르기만 하다.

촉석루에서 바라보는 남강의 아름다움과 서정은 수많은 시인 묵객의 가슴을 감탄과 환희로 채우고도 남을 만큼 밝고 맑다. 우리 나라에서 가장 아름다운 광장으로 뽑힌 망경동 천년광장에 서서 진주성지의 빼어난 풍광을 보면 심신이 즐거워져 감탄하지 않을 수 없다.

남강과 어우러진 촉석루의 정경과 잘 보존된 진주성 성곽과 푸른 숲, 기암 절벽의 기막힌 조화가 한 폭 그림처럼 가슴에 다가오며 아름다움의 극치를 보여준다.

남강은 단연코 진주의 자랑이다. 전국 어느 도시 치고 남강처럼 아름다운 강물이 도심지를 흘러가는 곳이 있는가. 언제 보아도, 어디서 보아도 포근한 엄마의 젖줄처럼 우리들 마음을 감싸주고 씻어주면서 맑은 도시 푸른 도시 진주의 이미지를 살려주고 있는 것이다. 남강은 흘러 흘러 몇 백 리 물길 닿는 곳마다 목마름을 적셔주고 풍년을 선물하며 산업 발전에도 큰 기여를 하고 있다.

남강이 있어 진주는 아름답고 남강이 있어 진주는 평화롭고 남강이 있어 진주는 살기 좋은 곳이 된다. 남강이 있어 우리 시민들 생활이 즐겁고 남강이 있어 우리 시민들은 진주가 사랑스럽다. 진주 시민으로서의 긍지와 자부심도 모두 남강이 있기 때문에 떳떳하게 내세울 수 있다.

그래서 나는 진주에 살면서 항상 남강을 사랑하고 자랑한다. 먼 곳에서 찾아온 손님이 있다면 두 말 아니 하고 남강변으로 데리고 나간다. 강변을 거닐며 진주를 이야기하고 진주 성지에 들러 촉석루, 의암, 의기사당, 서장대, 호국사, 국립박물관 등 역사의 현장과 그 남겨진 유물들을 함께 본다.

진주성 임진대첩 순의단 앞에서 묵념하노라면 칠만 민관인의 함성이 들리는 듯하다. 나 자신 그 중 한 사람이 되어 피투성이로 싸우고 있는 듯 팔 다리에 힘이 솟구치곤 한다. 30여 년 동안 남강변 장대동에 살면서 새벽마다 한 시간씩 남강변 진주 성지를 한 바퀴 돌아오는 조깅에 심취한 것도 호국 충절의 성지에서 나라 사랑의 마음을 심고 나 스스로를 깨우치고 채찍질 하는 교훈을 얻을 수 있었기 때문이다.

진주에 살면서 또 자랑하고 싶은 것은 우리 시민들의 고운 마음씨다. 맑은 물 마셔가며 살아가는 생활이 얼마나 즐거울 것이며 푸른 강줄기 바라보고 갈고 다듬은 인정이 그 얼마나 풍요로운가. 만나는 사람마다 반가운 인사이고 밝은 표정 뜨거운 정성으로 손님을 맞고 보낸다.

개천예술제 때는 국제유등축제를 연다. 강낭콩처럼 푸른 강물에 국태민안과 부모 형제 가족 친지의 건강을 위해 또 사랑하고 그리운 사람의 안녕을 위해 연등을 띄우는 것은 고운 마음씨 뜨거운 정성의 표현이고 발로가 아닌가. 푸른 물결 따라 은하를 메운 별보다 더 아름답게 흘러가는 연등은 흡사 꽃밭인 듯 감탄과 환희뿐이다. 거기다 정성과 기원마저 모았으니 그 바람과 기도가 어이 하늘에 닿지 않으리.

그래서 나는 연등 행사 때 너무나 행복해 어쩔 줄 모른다. 등 하나 띄우고 아이들의 행복을 빌어 주는 것, 그것 또한 부모된 사람으로서의 기쁨이고 행복이기 때문이다. 어쩌면 아이들도 우리 엄마 아빠를 위해 등을 띄우려니 생각하면 세상살이 고난 속에 부모와 자식간의 사랑보다 더 아름다운 게 무엇인가.

진주에 살면서 또 자랑해야 할 것은 남다른 교육열과 교육 환경이다. 국립경상대학교를 위시해서 대학교가 4개이며 전문대도 여럿 있다. 입시철이 되면 서부 경남의 우수 학생들이 모두 진주로 모여 든다. 배워야 하고 가르쳐야 한다는 일념에서 쌀 푸대 머리에 이고 하숙집 찾아가는 엄마의 모습들을 흔히 볼 수 있다. 상주 인구 대비 학생수를 따지면 당연히 진주가 전국 최고라 한다.

나는 진주에서 아이 셋을 낳아 기르면서 결코 서울로 보내지 않고 이 곳에서 교육시켜 짝을 맺고 보금자리 꾸미고 사회에 봉사하게 한 것을 지금도 자랑으로 여기고 있다. 진주의 교육열과 수준 그리고 그 환경 자체를 구태여 서울과 비교하지 않아도 좋다고 믿었기 때문이다. 또 이곳에서 공부해도 얼마든지 훌륭한 사회의 역군으로 성장하고 자리할 수 있다고 믿었기 때문이다.

진주에 살면서 또 하루같이 즐거울 수 있는 것은 아름다운 주위 환경 때문이다. 남강과 진양호가 있어 우리들 마음을 포근히 감싸주고 있는 데다 북으로 한 시간이면 지리산 덕유산 가야산이 있고 남으로 한 시간이면 남해 바다 다도해 국립해양공원이다.

가는 곳마다 비경이고 계곡인 지리산은 우리의 친구가 되고 쉼터가 되어 언제나 푸르고 맑은 모습으로 우리를 반기고 품어주고 쉬게 한다. 배낭 하나 둘러메고 천왕봉에 올라 정상에서의 조망을 즐기노라면 세상만사 무엇을 욕심 내며 싸우고 아우성일까 가슴 아파하며 몸과 마음을 가다듬고 씻게 한다.

남해 바다는 어떤가. 젊음이 있고 낭만이 있다. 파도가 있고 백사장이 있어 즐거운 곳, 하동 남해 사천 고성 통영 거제 등 남해 바다는 사계절이 없다. 언제 보아도 푸르름 그대로 밀려오는 파도 그대로 점점점 떠 있는 섬들 사이로 뱃길도 바쁘게 갈매기가 난다. 가는 곳마다 청정 해역 싱싱한 먹거리는 또 얼마나 큰 기쁨인가. 가슴이 답답한 사람들아, 남해로 오세요! 이것은 사랑과 인정을 나누어 주고 싶은 우리들의 간절한 권유이고 초대이다.

남해 바닷가 어느 곳에라도 차를 세우면 어쩌면 누나 같고 어쩌면 장모 같은 아지매가 다정한 목소리로 "어서 오이소" 하면서 자리를 권한다. 팔딱 팔딱 뛰는 놈으로 별미를 준비해 상을 차리고 술을 권한다. 그래서 나는 남해가 좋고 바다가 좋다.

순수가 그리워 가슴이 아프면 지리산으로 간다. 그 산자락에 묻혀 책도 읽고 그 정상에 올라 하늘을 본다. 구름 같은 인생 바람 같은 세월을 생각하며 소주도 마신다. 더러운 세상 거짓 뿐인 세상을 가슴 아파하며 울분도 토한다. 산처럼 욕심 없이 거짓 없이 겸손하게 사는 것이 인간의 길이려니 하면서 혼자서 즐거워한다.

가버린 친구가 그리워 눈물이 나면 버스를 타고 남해 바다로 간다. 끝없이 넓은 바다의 푸르름을 보다가 그 포구 횟집에 들러 갈매기 울음 소리 슬퍼하며 술을 마신다. 혼자라도 좋지만 통곡이라도 할 것만 같아 아내 아니면 어느 누구 가슴이 따뜻한 사람과 함께 하는 것이 더욱 좋다.

진주에 살면서 아내를 맞았고 아이들 키우면서 숙명 같이 모진 가난을 이겨보려 발버둥쳤다. 끝내 그 굴레를 벗어나지 못하고 이제는 오히려 가난이 좋네 하면서 가난과 어깨동무하고 어쩌면 가난이 나인 듯 내가 가난인 듯 그렇게 살면서도 나는 진주가 좋다. 내가 진주를 떠나지 않고 진주가 좋은 것은 그래도 이 곳 진주에서 꿈 소망 희망 같은 것을 안고 땀 아끼지 않고 열심히 살았기 때문이다.

진주에 살면서 내가 바라는 것은 아름다운 진주, 살기 좋은 진주로 가꾸고 지켜가면 되는 것이지 결코 공해와 환경 파괴로 가는 거대 도시가 되지 말아야 한다는 것이다. 진주에 살면서 이제 나도 늙어 백발인데 더 무엇을 바랄 것인가. 어느 날은 남강을 바라보며 하루를 보내기도 할 것이며, 어느 날은 지리산을 찾아 계곡에 발을 담그고 책을 읽어도 좋을 것이다. 또 어느 날은 남해 바닷가 횟집에서 술을 마셔도 좋지 않을까.

진주에 살면서 내가 즐거웠고 행복했던 것은 사실이다. 이제 인생 황혼에 지는 해를 바라보면서 아직 내가 이 곳에서 못 다한 아쉬움으로 또 무엇을 남겼을까. 조그마한 꿈과 소망이 이루어져 무슨 여한이 있을까마는 그래도 어쩌면 이별과 외로움 뿐인 여생이 남았으니 세월은 또 얼마나 많은 슬픔과 아픔을 강요 할 것인가.

진주에 살면서 나도 저 남강처럼 흘러 흘러 한 백년 살았으면 좋겠다. 그렇지만 나도 별 수 없이 늙어 늙어 사라져 가야할 것이다. 그래도 나는 진주에 살면서 행복했고 지금 이 순간도 행복하다. 닥쳐올 외로움과 이별을 담담히 맞을 수만 있다면 앞으로도 행복하리라 믿고 싶다.

진주는 행복 도시, 푸른 도시

그 품에 안겨 우리 가족은 열심히 살고 있다.

소백산 향로봉

대설경보에 영하 7도의 강추위에다 강풍까지 겹친다는 일기예보다. 그 악조건 속에서의 등반은 만용이라는 아이들의 만류도 무리는 아니다. 당신이 무슨 청년인 줄 아느냐면서 힐난하는 아내의 걱정도 싫지는 않다. 넌지시 동행을 자청하는 눈치가 무척이나 심설산행을 해보고 싶은 모양이다.

아무려면 어떠냐. 언제 한 번은 꼭 오르고야 말리라 다짐하던 산이었는데 새해 해맞이 무박산행이 오히려 호기심만 자극해서 눈보라 몰아치는 정상에서 불꽃으로 솟는 해를 가슴에 안고 싶은 욕심 뿐이다.

솜사탕처럼 하얀 눈으로 덮인 겨울 산 그 설경과 낭만은 눈 구경만으로도 가슴이 후련 할 것 아닌가. 더구나 새해 새 아침 새로운 결의와 각오를 다지면서 가족의 건강과 행운을 빌어야지. 늙어지친 육신에 활력을 얻고 극한 상항에 도전해서 스스로 체력 테스트를 한 번 해보고 싶은 뜻을 아이들이 어찌 알까.

나는 내 몸을 내가 먼저 알기에 어느 명의의 진단보다 나 자신의 검증이 가장 정확하다고 믿는 사람이다. 그래 가자! 젊은 할머니 당신도 함께 가자. 온갖 역경을 함께 한 아내인데 눈 구경 혼자가면 무슨 재밀까.

밤 10시 출발. 산악회 버스는 북으로 달리기 시작한다. 현풍 휴게소에서의 새해맞이 카운트 다운에 이어 국태민안과 각 가정의 행복을 비는 건배가 있었고 이어 만세삼창도 우렁차다. 눈발이 날리기 시작한다. 백두대간의 중심부에 우뚝 솟은 소백산, 몇 년을 가슴 졸이며 고대하던 산행인가.

비로봉은 크고 높게 솟아올라 위풍당당 그 웅자를 뽐내지 않았는가. 그리움을 안았다면 짝사랑만 하지 말고, 용감히 올라오라고 손짓하고 있지 않았는가. 그래, 오늘은 너를 밟고 서서 붉은 해를 보리라. 정상에 당당히 서서 너의 정기를 마시며 동해 바다 뜨는 해를 보리라.

대구를 지날 때 함박눈이더니, 군위 의성 안동을 지나면서 세상은 눈천지로 변한다. 빙판길에 거북 걸음 주행이 시작된다. 여기저기 길 옆으로 쳐박힌 차들이 험난한 앞 길을 예고한다. 눈나라에 온 듯 심야설경에 모두들 감탄사를 연발하는데 어느새 풍기읍에 닿는다. 조마 조마 조심 조심 설설 기던 버스가 어느 순간 미끌하더니 베테랑 운전기사 간신히 차를 세우고 더 이상 전진이 불가능 하단다.

새벽 3시, 삼라만상이 잠 든 적막 속에 어딘 지 모르는 곳에서 별 수 없이 하차해서 아이젠을 신발 바닥에 묶고 행군이 시작된다. 온통 세상은 하얀데 교교한 달빛이 구름 속을 숨바꼭질하 듯 한다. 외가닥 신작로는 꿈길처럼 희미한데, 찬바람에 먼 동네 개 짖는 소리만 처량하다. 뽀드득 뽀드득 눈 밟는 소리만 들릴 뿐 누구 하나 말이 없다. 결코 만만치 않은 시련과 역경이 있으리라는 어두운 예감이 든다.

낙오를 두려워해서인 지 모두들 숨소리가 가빠진다. 샘밭골 지나 삼가리 매표소까지 6킬로를 1시간 만에 걸었으니 모두들 엄청난 체력 소모에 땀투성이다. 벌써 산행을 포기한 후미 몇 몇은 택시로 되돌아갔다고 한다. 매표소 주차장에 일찍 도착한 수십 대의 버스 속에서 취침 중이던 전국의 해맞이 객들이 시간 맞추어 쏟아져 나온다. 강풍이 몰아치면서 옷깃을 여미게 하는데 암흑 속에 묻힌 산, 그 마력에 이끌리고 매력에 취한 듯 산을 오르기 시작한다.

비로사를 옆에 두고 오르는 길은 완만해서 잘도 걷는다. 그러나 달밭골 지나 길이 끝나면서 본격적인 등반이 시작된다. 땀에 젖어 윈드 스토퍼를 벗었더니 강풍에 금방 얼어붙어 다시 입어야 한다. 바람막이에선 흐르는 땀에 가쁜 숨을 몰아 쉬지만, 계곡 어느 모퉁이 바람받이에선 칼바람에 순간적으로 온몸이 얼어붙기에 방한모에 두툼한 외투 등 완전 무장을 해야 한다.

거추장스럽다고 안 가져오려고 아내와 다투던 오리털 파카가 체온을 유지시켜 준다. 안 갖고 왔더라면 어찌 할 뻔 했나. 내복도 껴입고 양말도 두 켤레 장갑도 몇 개 하면서 역정을 내던 아내의 고집과 애정이 얼마나 고마운가.

"보소, 내 말 들으면 자다가도 떡이 생긴다 아잉교!"

아내는 처녀 때처럼 생긋이 웃는다. 저 웃는 모습, 저 것이 아내의 매력이다.

오를수록 바람은 거세어지고, 기진맥진 두 다리에서 힘이 빠져나간다. 눈이 쌓였으니 어디 앉을 곳도 없고, 행렬이 이어져 빠져나올 자리도 없다. 탈진해 눈 위에 쓰러진 사람도 보이고 잠들면 죽는다는 고함 소리도 들린다. 강풍에 눈이 날리니 두 눈을 감기도 하고, 눈꽃 터널에 돌풍이 몰아쳐 눈 폭탄을 쏟아 붓기도 한다.

정상 부근 나무 계단을 오르는데 거대한 산의 울부짖음을 듣는다. 끈질긴 도전에 저항하는 최후의 발악인가. 정상만은 내어 줄 수 없다는 분노의 고함인가. 기어이 당신을 밟고 서려는 인간의 의지와 투쟁을 시샘하고 질투하 듯 무자비하게 신음하고 포효하면서 앞길을 막아선다.

그만 포기하고 내려갈까 하는 생각도 든다. 그러나 이제는 포기할 수도 없는 형편이다. 정상 비로봉을 올랐다가 국망봉을 거쳐 구인사 쪽으로 하산하기로 코스를 정했으니 버스도 그 곳에서 대기 중일 테니 말이다.

기진맥진해서일까 현기증을 느낀다. 그래도 죽기 살기로 오르지 않으면 안 된다. 힘이 드는 지 되돌아보면 아내는 항상 내 뒷자리에 있다. 빨리 가자 하면서 오르기를 재촉한다. 대단한 할머니다. 두 손이 얼었으니 배낭을 열고 더운 물을 마실 수도 없다. 겨우 초콜릿 한 조각씩 나누어 먹었는데 가쁜 숨 입김에 방한모도 얼고 온 몸이 눈에 덮였으니 내가 바로 눈사람이 아닌가.

마지막 정상 100미터 지점에는 고맙게도 따뜻한 인삼차 한 잔씩 서비스하는 산악대원들이 있다. 와 고마워라, 와 반가워라, 역시 풍기는 인심 좋은 곳이고 살기 좋은 곳이다. 참, 그러고 보니 풍기 인삼이 전국 최고라 했지.

비로봉 오르는 나무 계단은 얼음 투성이라 한 발 한 발이 투쟁이고 고통이다. 그러나 인삼차 한 잔에 힘이 솟고 의욕도 생긴다.

난간 밧줄을 잡았지만 칼바람에 몸이 날릴 듯하다. 조그만 아내 날아 갈라, 자 손 잡아, 손이라도 잡고 함께 올라 가야지.

해가 뜨려는 지 꽹과리 소리에 풍악이 울린다. 어서 올라야지, 뜨는 해를 보아야지. 젖 먹던 힘, 죽을 힘을 다해서 올라야지. 쓰러질 것 같은 극한 상황에서 느끼는 기쁨과 감동 그리고 성취감! 아! 정상!

비로봉 1439미터!

드디어 정상에 오른다. 주체 못할 환희와 감격을 무어라 표현할까. 추위도 바람도 잊은 채 드디어 올랐다는 기쁨에 육신은 창공을 나는 듯 자유로워지고, 무아지경 나는 어디에 있는가 하는 착각이다.

정상에 인산인해를 이룬 사람들, 애국가를 함께 부르며 국태민안, 경제회생, 가족들의 건강을 기원하며 만세삼창을 한다. 소리 맞추어 야호! 함성으로 건강과 행운을 염원한다.

이제는 해가 뜨겠지. 감격에 겨워 찔끔 흘린 눈물을 닦고, 아내와 포옹한 채 바라보는 동녘 하늘 아무 것도 보이는 것이 없다. 빛도 없고 해도 없고 보이는 건 눈보라 몰아치는 희뿌연 하늘 뿐이다. 정상에서 굽어보는 조망도 없고, 그토록 아름답다던 여체의 나신 같은 능선의 모습도 어둠에 싸여있다. 웅장한 산세도 느낄 수 없고 눈에 덮인 산야와 연봉들의 하늘금도 그려보지 못한다.

처음부터 이런 날씨에 해맞이를 욕심냈던 어리석음을 이제야 깨닫게 된다. 그래, 처음부터 불가능한 걸 욕심냈구나. 마음 편히 살면 행복인데 뛰고 달리며 빼앗고 쌓으려 싸우고 발버둥치던 내 인생 내 몰골은 무엇인가. 탐욕도 버리고 미련도 버리고 겸손하게 살자. 착하게 살면 이루어지는 것도 있을 터. 억울하고 허망한 생각도 들지만 역시 삼대 음덕을 쌓아야 한다 하지 않던가.

나의 인생, 아직은 사랑이 모자라고 나눔도 부족하다. 해맞이 못 보면 어떠냐. 아내와 손잡고 정상에 오른 것 자체가 얼마나 뜻 깊은 일이냐. 비록 눈바람 속에 얼굴을 숨겨 그 빛을 보지 못한다 해도 해는 동해 바다 깊은 곳에서 붉은 불덩어리로 맑은 얼굴 곱게 씻고 떠오르고 있을 테니 말이다.

일출을 못 보았다고 태양을 부인할 수 있는가. 해는 항상 내 마음 속, 우리들 가슴 속에 붉은 열정, 밝은 희망으로 타고 있지 않았는가. 인생도 그러한 것, 행복을 못 보았다고 행복이 없는가. 살아온 우리 인생 그 삶 자체가 기쁨이고 축복이고 행복인데, 무슨 행복을 어디에서 찾는다고 천방지축 달려가고 속이고 다툼하는가.

새 아침 비로봉 정상에 오른 것도 열심히 살아온 내 인생과 같은 게 아닐까. 착하게 살면 되는 것, 즐겁게 살면 되는 것이다. 기쁨과 행복을 느끼면 나의 것이고, 내가 좋으면 그것이 행복인데 무엇을 욕심 내고 무엇을 더 쌓으려 하는 지 모르겠다.

산을 올라 마음을 비운다 했다. 무엇을 버려 마음을 비울까. 속물 근성 재물인가, 부질없는 욕망인가. 그래, 무엇이라도 버리자. 벌써 욕심을 버린 지 오래이거늘, 내 마음 어느 곳 조그마한 욕심이 남았다면 모두 다 버리고 가리라.

"현재 기온 영하 27도! 노출 부위 동상 주의 하세요!" 라는 마이크 소리에 북풍 속의 현실로 돌아온다. 국망봉에서 구인사로 가는 코스는 강풍에 시계 일미터라 통제 되었으니 오른 길로 하산하라는 안내 방송이다. 그래도 아쉬운 듯 해맞이 객들은 서로가 바람막이가 되어 남녀불문 쓸어안 듯 한 덩어리가 되어 추위에 떨면서도 기다린다.

일출 시간 30분 정도 지났을까. 동녘 하늘이 희뿌옇게 밝아 오더니, 운해를 박차고 하얗게 빛바랜 햇님이 나타난다. 퇴색한 듯 하얀 빛으로 보이는 태양의 신비한 모습, 눈보라 치는 날 새벽이 아니면 볼 수 없는 장관이란다.

그래, 이제는 내려가자. 정상에 오른 것만으로도 새해의 결의는 다졌고, 기쁨과 성취감도 맛보았다. 이제는 포근한 휴식이 있는 곳으로 내려가자.

하늘을 나는 듯 느긋한 하산 길은 언제나 여유가 있어 좋다. 개선장군이 따로 있나. 의기양양하게 발길은 가볍고 콧노래도 흥얼거린다.

이제 겨우 아침 8시, 잠꾸러기들은 아직 꿈 속일 거다. 사위가 밝았으니 이제는 여유롭게 눈 구경을 하리라. 여기 나무에 달라붙어 생긴 서리는 상고대다. 특히 소백산 상고대가 최고로 아름답단다. 저기 얼음 알맹이가 가지에 매달린 것은 얼음꽃(氷花)이다. 또 온통 잎마다 신비롭고 오묘하게, 하얗고 아름답게 핀 것이 눈꽃(雪花)이 아닌가. 내 설명에 아내는 넋을 잃은 듯 마냥 행복해한다.

안개, 서리, 구름, 눈과 얼음이 어우러져 꽃을 만들고 터널이 되었으니 주변 수목 모두가 절경이고 시야가 닿는 곳 산야 모두가 아름다운 눈 동산 별천지다.

겨울산에 올라 대자연의 오묘한 조화가 만들어 주는 꽃동산을 본다는 것은 오르지 않는 자, 꿈이 없고 땀 흘리지 않는 자들은 꿈에도 생각할 수 없는 기쁨이고 감탄이고 행복이다. 산이 좋아 산에 가고 산이 좋아 산을 오르는 것은 그 아름다운 정취를 가슴에 안고, 그 비경과 그 황홀함에 취하면서 항상 분에 넘치는 충분한 보상을 받는다.

밤잠 못 자고 약간 힘들지만 역시 오기를 잘 했구나. 아, 참. 숨겨진 목적이 있었지. 우리들 육신은 극한 상황에 이르면 금방 적응하고 잘 대처하지만, 이상이 있고 아픈 곳은 금방 증상이 나타나서 심한 통증과 고통으로 건강 상태를 알려준다.

정상 정복을 마치고 하산하면서 아내와 나, 할머니와 할아버지, 우리 두 사람 즐겁고 기쁘기만 하다면 틀림없이 건강 상태 만점인데 무슨 걱정 있겠나. 기분 좋은 피로, 내려가서 동동주나 한 사발 마시고 따뜻한 온천욕이나 했으면 좋겠다.

"아버지, 어머니, 정상을 오르는 것 자체가 욕심입니다. 연세를 생각해서 숲 속 산책 정도만 하십시오."

아이들의 효성스런 권유가 다시 되살아난다.

그래, 엄마 아빠가 욕심이 많아 정상을 오른다마는, 이것은 속물 근성의 욕심과는 차원이 다르다. 젊게 살려는 노력이고 용기란다. 우리들 자신과의 싸움일 뿐이다.

아무려나 우리는 산이 좋다. 산을 올라 기쁘고 행복하다면 또 오르고 또 오르리라.

그 욕심 그 의욕만은 버리지 않으리라.

산만 생각하면 힘이 솟는다. 정상을 바라보면 오르고 싶은 욕심뿐이다. 더구나 아내와 함께라면 주저할 것도 두려울 것도 없다.

그래서 우리의 인생은 즐거운 것이고 당신과 나의 노후 또한 행복한 것 아닌가.

아! 소백산 비로봉!

눈 덮인 소백산은 너무나 아름다웠다.

여보! 꽃 피는 새 봄에 다시 한 번 가자.

새해 새 아침, 대한민국 만세!

사랑하는 우리 가족 화이팅!

3

나는 왜 즐거운가

나는 왜 즐거운가.

슬퍼하지 않고, 천해지지 않고, 비굴해지지 않는다면 가난도 즐거울 수 있다.

– 세네카

새해 새 아침

역사의 뒤안길로 사라지는 마지막 밤을 보내고, 새해 새날을 맞았다. TV 생중계를 통해서, 제야의 종소리도 들었고, 새날을 맞는 카운트 다운에서도 새로운 결의를 다짐했다. 건강하게 살고 있다는 생동감도 느끼고, 가슴에 넘치는 환희도 맛보았다.

아내와 두 손 마주 잡고 나눈 첫 언약은, 누구라도 먼저 아프다고 눕지 않기였다. 아내는 자신있다 했고, 나도 절대 자신 있다며 손가락을 걸었다. 그러나 건강이란 자랑해서는 안 된다는 데도 의견을 같이 했다. 동해의 장엄한 해돋이를 보면서 새해에는 우리 가족의 건강과 모든 이웃들에게도 사랑과 희망이 가득한 한 해가 되기를 기원했다.

그런데 우리 두 사람만 방안에 멍하니 있으려니, 이처럼 무료한 일이 어디 있는가. 어느 사찰, 어느 산, 어느 온천을 갈까 망설이고 있는데, 마침 연락이 닿고 일행이 이루어져 정수산 율곡사를 찾기로 했다. 등산도 겸해 조용한 곳이 좋다면서 새해의 덕담도 나누면서 즐거운 마음으로 출발한다.

원지 신등을 지나 차황 방면으로 10분 정도 달리면 율곡사 표지가 나오고 잘 닦여진 오르막길을 단숨에 오르면 정수산 한적한 산

허리에 완전히 속세를 떠나 고요 속에 묻힌 율곡사에 이른다. 율곡사는 여느 사찰처럼 세속에 물들지 않아 검소하고 몇 백 년 빛바래고 이끼 낀 모습을 간직하고 있다. 비바람에 씻기고 손때 묻은 그대로 질박하고 소담하면서도 기품 있고 청아한 자태로 우리를 맞아 준다.

상큼한 풀냄새, 흙냄새가 정신을 맑게 한다. 어디를 보나 시주나 장삿속을 챙기는 그런 절과는 느낌부터가 다르다. 엄숙하고 성스러운 분위기에다 적막감 속에 낭랑한 독경 소리 목탁 소리가 풍경 소리와 어우러져 몸과 마음을 가다듬게 한다.

항상 땀 흘리는 산행이 먼저고 예불은 다음이다. 등산화 조여매고 배낭 짊어지고 정상을 향해 출발한다. 별로 높지는 않지만 두 시간 정도의 산행으로 노약자나 부녀자들 등산에 안성맞춤이다. 울울창창 우거진 송림 숲 속을 걷는 기쁨도 있고 가파른 오르막 숨 할딱이며 오르는 도전도 있다. 응달마다 쌓인 눈과 얼어붙은 빙판은 발걸음도 조심조심 산행의 묘미를 더해준다.

어렵게 정상에 오르면 탁 트인 조망이 한 눈에 들어온다. 동으로 의령 땅 자굴산도 보이고 서쪽은 겹겹이 겹친 산, 산, 산이다. 지리산 천왕봉이 우뚝 솟아있고, 황매산, 가야산의 모습도 지척인 듯 다가온다. 발 아래 펼쳐진 싱그럽고 아름다운 산야의 모습이 한 폭 그림 같다. 다함께 정상에 올랐는데 메아리가 없을 소냐. 얏호! 얏호! 얏호!

모두들 소리 높여 함성을 지르며 건강과 행운을 빈다. 모두들 건강하세요! 행복하세요! 부자 되세요! 여운도 길게 메아리가 살아나면서 우리들 작은 소망에 대해 화답이 들려오는 듯하다.

아내는 불덩어리 햇님을 향해 두 손을 모으고 발 아래 넓은 산야와 굽이치는 강줄기, 지리산 영봉을 바라보면서도 두 손을 모은다. 거룩하고 위대하고 크고 장엄한 것 모두가 기도와 경외의 대상이 되어 우리 중생들의 기도를 들어주는 지, 어느 산 어느 사찰에 들러도 아내의 두 손 모으는 정성은 버릇처럼 한결같다. 대자연의 섭리에 순응하고 귀의하 듯, 항상 맑고 고운 마음 그대로 두 손을 모은다.

어쩌면 우리 가족 모두가 건강하고 무고한 것이 아내의 기도하고 간구하는 신심과 정성으로 얻어진 결과가 아닌가 하고 생각해본다.

"무슨 소원이 그리 많노?"

"내사 아무 소원 없심더. 그저 아이들 건강하기만 바라는 거지예."

아내의 소망과 바람은 항상 크지 않고 작은 것이며 소박하다. 절대 큰 재물도 큰 호강도 아니다. 항상 우리 두 늙은이보다는 아이들, 손자 손녀들이 먼저다. 그래서 들어주시고 이루어지는 것일까. 이 세상에 태어나 부끄럽게도 작은 것 하나도 베풀지 못했는데 욕심 내어 크고 많은 것 바란대서야 될 일인가.

남들은 큰 부자가 되고 호강스레 잘 살기를 바란다지만 아무런 보시도 없고 베푼 은혜도 없다면 당연히 소망도 가장 작고 적은 것이어야 하겠지. 터무니 없이 분에 넘치는 탐욕은 우리들 심신을 괴롭히며 질투와 시기와 모함으로 병들게 하지 않던가. 가장 작은 것 갖기를 바라는 소박한 마음은 하늘도 알고 땅도 기꺼이 허락하리라 생각하니 즐거움 같은 것도 밀려오고 행복도 가슴 가득해지는 것 같다.

이제부터는 곱고 맑은 마음인 채로 살아야겠다고 생각했는데, 겸손까지 함께 하면 더욱 더 즐거우리라. 아무리 내가 즐겁고 행복해도 더러는 웃음도 삼가하고 남의 아픔도 헤아리며 자제하고 자숙하며 자신을 낮추는 겸손도 가져야한다. 무조건 만복을 주십사 해서는 이루어지지 않는다. 큰 복을 누리면서, 더 큰 복을 욕심 내서는 안 된다. 많이 베풀고 나눈 후에 소망하고 기도해야 발복이 된다.

하나씩 모아서 그릇에 가득 찼다면 그 그릇부터 비우고 더 큰 그릇을 원해야 한다. 어느 누구에게나 그릇 두 개를 허락하지 않으신다 했다. 많이 모아 내 것이라 담 쌓으면 그것이 행복일까. 호강은 될지언정 행복은 아니다. 쌓았다면 조금은 봉사하고 사회에 공헌하는 것이 참 인간의 모습이다. 하산하는 동안 또 바보 같은 생각만 했었구나.

세수하고 머리 빗고 대웅전에 들러 두 손 모아 배례하며 대자대비 부처님의 은덕을 기원한다. 경내를 걸으며 산사의 고요와 정취를 즐기며 명상에 잠겨 보는 것도 큰 즐거움이다. 격의 없이 대화에 응해주시는 일화(一和) 스님의 말씀도 우리 인생의 무엇인가를 느끼게 한다.

인생은 무엇인가, 어떻게 살아야 하는가.

"인생은 공수래 공수거입니다. 빈손으로 왔다가 바람처럼 구름처럼 흘러가 버립니다. 사는 동안의 행복은 많은 것 높은 것에 있지 않고, 오히려 작고 낮은 곳에 있는 것입니다. 베풀고 나누면서 즐거워하고 만족한다면 그것이 곧 마음의 평화, 행복입니다. 이것이 곧 부처님의 모습이고 말씀입니다. 서로 도우며 사는 것이 부처님의 길이고, 우리 인간의 길이기도 합니다."

어쩜 내 가슴에 있는 말을 그대로 옮겨 하시는 걸까. 그러고 보면 내 마음이 부처님을 닮은 것인가. 아니 아니, 부처님의 가르침을 열심히 따르고 있는 것이겠지.

집으로 돌아오는 길, 그 말씀 그 향기가 오래도록 가슴 가득히 감미로운 여운으로 남아 있었다. 아내의 눈가, 아내의 입가에 잔잔한 미소가 끊이지 않았는데 그 미소의 의미는 무엇이었을까. 작은 소망, 가난한 행복에 혼자 즐거워하는 거겠지. 그래, 나도 즐거운 데 당신이라고 아니 즐거울 수 있나.

허허허!

우리는 행복하다.

아! 즐거운 새해 첫 날이여!

술, 술, 술

금강산 관광을 갔을 때도 마셨다. 기암 괴석 그 오묘한 봉우리가 일만 이천 봉이라는데 그 장관 그 아름다움에 넋을 잃을 만도 했다.

첫 날은 만물상을 보러 천선대를 올랐는데 비가 온 데다 안내원 두 사람이 가까이 있었기에 조심스럽고 긴장 되어 점잖게 내려 왔다. 그러나 둘쨋날은 날씨도 화창하고 아름다운 단풍에 취한 터라 기분부터가 달랐다. 옥류담 연주담을 거쳐 구룡폭포를 보고 그 위쪽 여덟 개의 소(沼)와 담(潭)이 연결된 상팔담 비경을 굽어보기 위해 어렵사리 구룡대 정상에 올랐다.

산이 좋아 즐겨 산을 오르던 터라 아내와 함께 뒤쳐지지 않고 젊은이 그룹에 끼어 정상을 밟았기에 여유롭게 기념 사진도 찍고 발 아래 조망을 즐기며 가을 풍악산의 정취를 만끽했다.

저 멀리 상팔담의 아름다운 정경과 옥류동 계곡의 아홉 소와 골을 내려다보며 "야, 정말 좋다"를 연발하고 있었다. 바위 하나 비경 곳곳마다 전설 하나씩이 전해 온다. 선녀와 나뭇꾼의 동화 대부분이 이 곳 금강산 선경이 무대인 걸 생각하면 흡사 우리 자신이 나무꾼이 된 듯 아니 어쩌면 선녀가 되고 신선이 된 듯 자못 행복한 착각에 빠지게 한다.

우리 부부보다는 젊었지만 진주의 심 사장, 부산의 권 사장 등 사모님들 합쳐 십여 명이 함께 있었다. 어느 순간 이심전심으로 마음이 통했던지 땀도 식힐 겸 빙 둘러 앉았다. 모두들 배낭을 풀고 보배처럼 간직한 생수 펫트병 하나씩을 꺼내 들었다. 문산 배도 깎고 진영 단감도 깎고 삼장 사과도 깎고 초콜릿도 잘라 놓고 무조건 잔이 돌기 시작했다. 한마디 말 없이 기진맥진한 육신에 생명수를 마시 듯 한잔씩 마시고 잔은 자꾸만 돌아갔다. 오장 육부에 찡하고 전해져 오는 쾌감, "크~ 좋다!" "야! 최고다!" 하는 감탄사가 나오면서 취기가 돌고, 기분은 하늘을 나는 듯했다.

북한 안내원 두 사람이 의심의 눈초리로 다가 왔지만 우리는 조금도 동요됨 없이 오히려 당당하고 품위 있게 소주를 마셨다. 뿐만 아니라 두 병의 소주를 다 마신 후 정말이지 우리는 여봐란 듯이 우리의 자랑 금강산의 자연을 우리가 지키 듯 문화 국민답게 과일 껍질 하나 남기지 않고 깨끗하고 완결한 청소까지 마쳤다.

무슨 말을 할 것만 같았던 안내원들도 빙긋이 웃고만 있었다. 이렇게 우리들 가슴이 통하는 친구들은 술병 지참 금지령을 위반하면서도 용감하게 금강산 봉우리에서 선녀와 나뭇꾼이 된 듯 아니 선녀격인 아내들이 함께 있었으니 하늘 나라의 신선이 된 듯 마냥 즐겁고 행복하기까지 했었다.

"신선이 따로 있나!"

"그럼, 선경에서 노닐면 우리도 신선이지!"

너무나 아름다운 곳, 선녀와 신선이 산다는 그 곳, 산봉우리에 우리가 앉아 오색영롱한 단풍에 취하고 풍광과 비경에 취하고 또 소주에 취했으니 사바 세계의 와글 와글 싸우는 중생들의 애증과 아귀다툼 다 잊고 아름다운 마음 그대로였던 그 순간, 어쩌면 우리도 선녀와 신선이 된 것 아니었던가.

내 생애 최고의 술맛은 당연히 금강산 구룡대 정상에서 비몽사몽간에 나 스스로 선녀를 옆에 두고 나 자신 신선이 되어 옥수를 마시 듯 마신 소주 맛이렸다. 내 평생의 추억이 되고, 이야기거리 자랑거리가 되리라 생각된다.

꼭 마셔야 할 자리에서 마시는 술 한 잔, 그 술 한 잔은 얼마나 우리를 기쁘게 하는가. 그래서 술이 있어야 할 자리에는 술이 있어야 한다. 술을 마셔야 할 자리에선 술을 마셔야 한다. 기쁘고 축하하고 기억해야 할 자리에는 마땅히 술이 있어야 제격이다.

반가운 친구 다정한 연인과 함께 하는 자리에선 우정과 사랑을 뜨겁게 해 주는 술이 있어야 안성맞춤이다. 기쁨이 있고 축하가 있는 자리, 화목과 단합을 다지며 꿀처럼 달게 술을 마신다.

슬프고 가슴 아픈 자리에도 아픔을 달래주는 술이 있어야 한다. 가버린 사람, 가슴 찢어지는 사연들을 생각하며 슬픔일랑 아예 잊어버리 게 술을 마셔야 그 슬픔과 아픔까지도 즐기게 된다.

"한 잔 술을 마시고 우리는 버지니아 울프의 생애를 이야기하고 목마를 타고 떠난 숙녀의 옷자락을 이야기 한다."

이 한 구절 밖에 기억하지 못하는 박인환의 시라도 아는 체 읊으며 독처럼 쓴 맛을 즐기며 술을 마신다. 때로는 더러운 세상, 울분을 토하며 더 이상 존경 할 수 없는 '님들' 의 더러운 탐욕과 배신을 질타하며 즐겨 '죽일 놈들' 이라는 욕설을 안주로 곱씹으며 술을 마신다.

기쁠 때나 반가울 때의 술맛은 달다. 축하가 있고 노래가 있고 춤이 있으면 술맛은 꿀맛이 되고 흥겨워진다.

아픔이 있고 이별이 있으면 술맛은 쓰다. 슬프고 가슴 아플 때 위로를 주지만 그 독소는 비수처럼 가슴을 찌른다. 그래도 우리는 그 단맛. 그 쓴맛을 즐기며 술을 마신다.

만나서 한 잔, 헤어지며 한 잔, 웃으며 한 잔, 편리하게도 온갖 구실을 다 만들어 술을 마신다. 술이 있으니 마시게 되고 짜릿한 마력에 끌려 마시지 않을 수 없다. 친구를 만나 마셔야 하고, 접대를 위해서 피할 수 없고 모임을 위해 부득이 마시고 선술집 주모의 부추김에 호언 장담 과시하며 온갖 이유, 핑계를 붙여서 술을 마신다.

그런데 술이 좋아 혼자 마시는 술은 또 무엇인가. 외로움 때문인가, 고독을 즐기는 것인가. 언제나 혼자 마시는 술은 쓰고 이롭지 못하고 허무하다. 아무리 아픔을 달래고 고독을 되씹는다 해도 그건 친구 하나 없는 우둔한 바보 아니면 엉터리 주정뱅이의 넋두리일 뿐이다.

그래서 나는 친구와 함께 사랑하는 사람과 함께라야만 술을 마신다. 윗 사람, 아랫 사람, 잘난 사람, 못난 사람, 다 같은 사람끼리 인정을 나누고 애환을 함께 하며 술을 마신다. 술을 마시며 이야기 하고 그 대화 속에 덕담을 담고, 그 덕담 속에 격려를 넣고 그 격려 속에 우정과 희망이 샘솟게 한다. 존경도 나타내고 사랑도 두터이 하면서 어느 누구 가슴이 따뜻한 사람이라면 누구와도 반갑게 인사하고 술을 마신다.

오늘은 통곡처럼 겨울비가 내린다. 한 잔 술 마시고 우정을 이야기할 친구는 어디에도 없고, 축배를 들면서 뜨거운 눈길 마주칠 여인도 내 역사엔 없다. 불러도 벗은 어디에도 없고 그리워도 님은 있지 않는데 철철철 가슴을 치는 아픔이 되어 밤비만 내린다.

벗이 그립고 님이 그리워 술 한 잔 나누고 싶은데 나의 마돈나, 아내는 인생이 고달팠나, 세상 모르고 코를 골고 있다.

아! 인생이여!

허무한 고독이여!

나는 왜 즐거운가

"언제 봐도 즐거우시네요."
"어쩌면 그리 건강하십니까?"
분에 넘치는 덕담을 듣는 수가 있다. 그 때마다 감사의 말을 전하면서 나도 덕담을 건네지만 확실히 내가 즐거운 건 사실이고 그래서 기분도 좋다. 치열한 경쟁 속에서 모두들 치고 받고 흙탕 싸움이고 밀고 당기며 뜀박질인데 별로 가진 것도 없고 잘난 것도 없는 놈이 세상 부러울 게 없네 하고 웃으며 사는 것이 남들에게는 좋게 보여지는 모양이다.

나라고 화내고 싸워야 할 시비나 다툼 또는 골치 덩어리 스트레스가 없는 건 아니다. 하지만 면역이 된 걸까, 내성이 생긴 걸까. 좀처럼 다투고 싸우고 찡그리고 할 일이 없으니 말이다. 주위를 살펴보면 모두들 욕심쟁이가 되고 우거지상이 되어 못 살겠다 야단들인데 나는 왜 즐거운 것일까.

내 마음은 무엇이 기뻐서 오늘도 싱글벙글 웃을 수 있는가. 사람마다 느끼는 행복의 내용과 척도가 다르니 내가 즐거운 것이 남들에게는 바보처럼 비춰질 수도 있을 것 같고 웃음거리가 될 지도 모르겠다. 하지만 남들이 어떻게 생각하건 말건 확실히 내가 즐겁고 행복한 것만은 틀림없는 사실이다.

그럼 무엇이 나를 즐겁게 하는가. 무엇이 나의 인생, 나의 생활을 행복하게 하는가.

제일 먼저 욕심을 버렸기 때문이다. 많이 가지면 좋지만 부질없는 욕심은 마음을 병들게 한다. 남보다 많이 가지려 욕심 내면 몸과 마음만 피로해지고 세상살이가 각박해진다. 다투고 싸움하는 시비도 생기고 남을 쓰러뜨리려는 술수도 생기고 남을 미워하는 시기심도 생긴다. 더구나 밤잠도 멀리해야 살아남는 피나는 경쟁도 해야 한다. 조금 가지고는 빈 것처럼 느껴지고 많이 가진 사람을 시샘하면 괜스레 배 아파지고, 어서 빨리 따라 잡으려고 발버둥치다 엉뚱한 속도 위반 대형 사고의 불상사를 맞기도 한다.

법정 스님의 무소유 사상을 들여다보면 그처럼 즐겁고 행복한 삶이 또 어디 있을까. 옷 한 벌과 밥 그릇 하나면 만족하다 했다. 무소유와 청빈락도의 기쁨을 가르치고 있는 것이다. 가정을 갖지 않은 승려니까 그런 말씀을 한다고 하겠지만 승려들의 밥 그릇 싸움과 세력 다툼에 얼마나 많은 비난과 손가락질을 받아왔나를 생각해 보면 확실히 남다른 데가 있다.

"나물 먹고 물 마시고 팔을 베고 누웠으니 대장부 살림살이가 이만하면 넉넉하지 않으랴."

나는 막걸리 한 잔 마시고 대청 마루에 팔베개하고 누워 읊조리던 아버지의 가락을 지금도 기억한다.

가난 해도 작은 것에 만족할 줄 아는 소욕지족(小欲之足)의 마음이야 말로 즐겁고 명랑한 생활의 첫 걸음이 아닌가. 지족상락(知足常樂)이다. 만족함을 알면 항상 즐겁다. 만족함을 알면 벌써 부자다. 부족한 것이 없으니 말이다.

조그만 아파트 한 채에 끼니 걱정 없으면 되었지 무엇이 걱정인가. 아이들도 건강하게 자랐고 손자 손녀들 튼튼하고 거기다 착한 아내가 또 함께 있는데 즐겁지 않을 수 없다. 매일이 기쁨이고 만족이다. 누구와도 웃는 얼굴이고 즐거운 대화도 저절로 이루어진다. 무슨 일을 해도 신바람이 난다. 주머니는 가벼워도 근심 걱정이 없다.

하나로 만족할 걸 하나를 더 욕심 내다 하나 마저 잃어버리는 어리석음을 우리는 경계해야 한다. 입에 물고 있는 고기 덩어리보다 더 크게 보이는 물 속에 비치는 자기 자신의 고기를 욕심 내다 모두 잃어버리는 이솝 우화에서 우리는 큰 교훈을 얻어야 한다. 욕심은 실패와 파멸의 씨앗이다. 욕심만 버려도 인생이 즐거울 수 있음은 청빈락도를 즐기던 옛 선비들의 생활이 우리들에게 물려준 값진 지혜가 아닌가.

두번째는 건강하니 인생이 즐겁다. 육신이 건강하고 정신이 멀쩡하니 이 또한 즐거움이 아닌가. 건강을 잃으면 세상 것 다 잃는다는데 그럼 건강하기만 해도 세상 것 다 가진 셈 아닌가.

한 평생을 살면서 별의 별 병마와 다 싸워보았다. 그 때마다 아픈 것 만큼 더 비참한 것이 없고 어쩌면 죽음보다 더 가슴 아픈 불행도 있다는 걸 알았다. 어쩌다 어느 병원에 문병을 가면 우리 모두가 병자인 듯 가슴 아픈 모습에 나만은 절대 아프지 않아야지 다짐하곤 한다.

기계 문명이 발달할수록 문명병, 성인병 등 괴상한 병들이 우리들 노령층을 공격하며 마음을 어둡게 한다. 그래도 열심히 살고 절제하고 땀 흘려 운동하고 노력만 한다면 우리 인간들의 모든 병마를 다 이겨낼 수 있고 극복 할 수도 있다.

건강에 관한 한 큰소리치며 자랑하지 말라는 충고를 명심하고 있지만 적어도 나는 아직 성인병을 모른다. 모두가 건강하게 낳아주고 길러주신 부모님 덕분이고 그 숱한 사고에서도 기적처럼 날 지켜주신 하늘의 뜻에도 감사할 뿐이다.

또 하나, 나 혼자만 건강해서 무엇 하나. 가족의 아픔은 또 우리를 슬프게 하면서 큰 스트레스로 우리들 몸과 마음을 갈기갈기 찢어 놓지 않던가. 나와 아내가 건강하고 아이들 모두 건강하다면 이는 분명 축복이고 은혜인데 이 또한 즐겁고 행복한 일 아닌가. 행복이란 다름 아니고 몸과 마음이 편안하고 아무런 걱정 없는 상태를 말하는 것이다.

아이들아! 너희들도 건강이 제일임을 명심 하렴!

세번째는 따뜻한 가정이 있으니 세상이 즐겁다. 아내의 사랑과 정성, 아이들의 성장과 효성, 손자 손녀들의 귀여움과 재롱은 이 세상 무엇과도 바꿀 수 없는 행복이다, 아내의 따뜻한 손길이 있고, 애정이 넘치는 눈길이 있고, 정성을 다하는 순종과 헌신이 있다면 그 가정은 행복하지 않을 리 없다. 더구나 예쁜 아내보다 어진 아내가 더 우리를 즐겁게 한다. 어진 아내, 지혜롭고 부지런한 엄마 앞에 착하고 노력하지 않는 가족이 있을 리 없다. 지지고 볶고 싸움 뿐인 난장판 가정일수록 그 아내에 그 남편에 그 자식들 아니던가.

착한 아내 품에서는 아이들도 착하게 자라고 공부도 열심히 한다. 인간으로서의 근본이 되는 가정 교육 인성 교육의 중요성이 새삼스레 강조되는 것도 그 때문이다. 아이들은 부모의 그늘에서 자라면서 엄청난 영향을 받는다. 엄마 아빠의 생각 하나, 버릇 하나, 습성 하나, 생활 습관 등 좋고 나쁜 것을 모두 따르고 모방하고 본받게 된다. 책 한 권 읽는 모습, 고운 말로 인사하고 서로 존경하는 것, 이른 아침 청소하는 엄마의 모습, 새벽 운동에 땀 흘리는 아빠의 모습이 아이들의 인격 형성이나 인생 항로에 큰 영향을 준다.

엄마 아빠가 서로 존경하고 사랑하면 가정의 화목은 저절로 이루어지고 아이들 성적도 저절로 오르고 무슨 근심 걱정이 있을 리 없다. 토요일이나 명절 때 한 자리에 모이면 우리들의 작은 아파트는 웃음꽃이 만발한다. 책 읽는 소리, 빨래 손질하는 소리, 아이들 노래 소리가 앙상블을 이루는 곳이라면 부러울 것 없이 행복한 가정 아닌가.

할머니가 되어서도 변함없이 착하고 아름다운 아내, 세월이 갈수록 사회의 역군으로 자리 잡는 아이들, 꿈나무로 자랄수록 귀엽고 씩씩한 손자 손녀들, 그리고 자랑스럽고 고마운 며느리와 사위, 생각만 해도 가슴이 흐뭇하고 즐거워진다. 즐거움은 곧 기쁨이고 행복임을 우리는 알고 있다.

직업이 있으니 또한 즐겁다. 사람이 살아가는데 생업이 있어야 함은 두 말하면 잔소리다. 세상의 수많은 직업 중에 나에게도 무엇인가 어울리는 일이 있어야 하고 또 있기 마련이다. 하는 일 없이 무위도식 허송 세월 하는 사람들의 공허한 생활이나 실직 가장의 비참한 모습을 우리는 흔히 본다. 그래서 입시 경쟁 취업 열기 같은 치열한 경쟁도 있는 것이고 흡사 전쟁터에서 전투하는 심정으로 좋은 직장 얻기에 혈안인 것이다.

나는 40년이란 긴 세월을 한 직장에서 열심히 일해 왔다. 조그만 점포의 직원이란 직책에 만족하며 그 어렵고 힘든 일, 박봉에 시달리면서도, 한마디 불평 없이 이것이 내 천직이려니 생각하며 묵묵히 일해 온 걸 생각하면 어느 친구의 표현대로 바보처럼 우직했던가 보다. 근무 시간도 없고 해 뜨면 출근이고 해 지면 퇴근하는 그런 생활의 연속이었다. 장구 치고 북 치고 꽹과리까지 쳐야 하는 그런 자리였다. 빗자루 들면 청소원이고, 배달 하면 배달원, 장부정리 하면 경리요, 수금 하면 수금사원, 관청에 가면 상무 전무 사장 행세도 해야 했다. 경우에 따라서는 술 상무, 고스톱 전무도 숱하게 했다.

내가 왜 농약판매업에 종사하게 되었는 지 우연인가 필연인가는 지금도 명확한 결론을 못 내리고 있다. 하지만 내 인생의 어쩔 수 없는 선택이었고 피할 수 없는 숙명 같은 것도 작용한 것 같다. 당시 남들이 농약쟁이라고 비하해 부르던 업종에서 전심전력 일 할 수 있었던 것도 이 곳이 내가 일하는 직장이라는 투철한 직업관도 있었기 때문이다.

한 때 회의도 있었고 좌절도 했었지만 한 평생을 대과없이 일해 온 걸 생각하면 나 자신이 무던하기도 했고 어지간히 바보스럽기도 했나보다. 그러나 일하는 기쁨, 직원으로서의 본분, 내가 해야 한다는 의무 같은 것이 있었다. 그리고 이 곳이 아내와 아이들 생활의 터전이라는 피할 수 없는 의식 같은 것이 별 희망도 없고 꿈도 없는 그 자리에 그토록 오랜 세월 동안 나를 묶어둔 것 같다. 눈코 뜰 새 없이 바쁜 생활에서 보람도 있었고 기쁨도 있었고, 부질없는 욕심 버리고 일 할 수 있었던 것은 나도 직장이 있다는 소속감과 의무감 때문이 아니었을까.

지금이야 퇴직을 앞둔 늙은이라 가슴에 쌓이는 회한과 후회가 어찌 없겠냐만 그래도 아직은 출근하고 내 자리를 지킬 수 있는 것이 얼마나 즐거운 지 모른다. 늦을세라 허둥지둥 빠른 걸음으로 출근하고 기쁜 마음으로 퇴근할 수 있는 직장을 가진 사람은 그래도 행복하다. 일이 즐겁다면 인생은 바로 낙원이다.

하늘 아래 부끄럼 없으니 또한 즐겁다. 인륜을 중히 여기고 열심히 살면 마음의 평화, 일신의 행복, 가정의 번영은 저절로 이루어진다 했다. 인간으로서의 부끄러운 일, 죄 지은 일 없으니 마음은 명경지수 맑은 물처럼 깨끗하고 조용하다. 착하고 순진하게 아무런 욕심 없이 법이 무엇인 지도 모르고 참다운 인간으로 살았다는 것이 얼마나 자랑스러운 일인가.

고통스럽도록 가난했던 생활과 고비가 많았지만 40년 동안 그 많은 돈을 만지면서도 거짓 없고 부정 없이 스스로 부자가 되려는 욕심도 버려두고 착하게만 살아온 것이 어쩌면 내세우고 싶도록 떳떳하지 않는가.

너무 착해서 어렵게 산다는 아이들의 분석이나 똑똑한 놈이 왜 그리 바보처럼 살았느냐는 친구들의 핀잔도 틀린 말은 아니다. 그러나 거짓과 부정으로 출세를 한대서야 그걸 어디 인간의 도리라 할 수 있나. 욕심도 시비도 싸움도 투기도 모함도 한 일 없고 부모 형제 윗사람, 아랫 사람, 어느 누구에게도 인간으로서의 못 할 일 절대 하지 않았다고 외칠 수 있다면 하늘을 우러러 한 점 부끄럼 없다고 자부 할 수 있지 않을까. 어느 누구에게나 양심적으로나 도덕적으로 죄스러움이 없는 것은 그만큼 나 자신이 극히 인간적인 삶을 살았다고 할 수 있으니 말이다.

다만 별로 가진 것 없고 어렵게 산다는 편리한 핑계 하나로 우리보다 더 어려운 이웃과 소외된 계층의 사람들에게 따뜻한 인정을 베풀고 나누지 못 한 것이 아쉽고 부끄럽게 느껴진다. 못다한 도리는 앞으로 꼭 해야 하는 숙제라 생각하고 있다.

착하게만 살았지 세상을 위해 무엇인가 한 일이 없다는 것은 확실히 불명예스럽다. 베풀고 나누고 버리고 떠나려 노력한다면 앞으로 남은 인생 또 얼마든지 즐거울 수 있지 않을까. 고운 마음, 바른 양심으로 남은 여생만이라도 이웃과 사회에 봉사하는 생활을 해야지 하는 설계로 밤 늦도록 가슴만 설레이고 있다.

술과 친구들도 나를 즐겁게 한다. 고등학교 동창생이 350명이나 되지만 가난한 모습 보이기 싫어 이 곳 진주에서 숨어 살 듯 했으니 친구들을 잃은 것이 내 인생 최고의 아픔이다. 동창회도 없고 친목회도 없고 마음을 열고 흉금을 털어 놓을 죽마고우도 없다. 우정을 맹세한 칠우회도 있었고 삼총사도 있었지만 나 하나 숨어 버렸으니 모두가 남남이다.

국회의원도 있었고 사회 각 방면에서 성공한 사업가도 많다지만 이제 새삼스레 친구라고 찾아갈 염치도 없다. 빈천지교(貧賤之交)란 말이 있듯이 어려울 때 친구가 정말 친구라 한다. 그러나 생활 형편이나 환경이 너무 차이 나면 우정도 식고 퇴색된다는 걸 절실히 느끼고 있다. 일년은 고사하고 5년, 10년에 얼굴 한 번 못 본다면 이는 친구라 할 수 없다.

모두가 내 탓이고 내 허물인 걸 우정을 욕보이며 친구들을 탓할 생각은 없다. 일요일도 없이 일만 했으니 무슨 시간 무슨 여유가 있어 친구를 만나고 새로운 친구를 사귈 수 있었겠는가. 언제나 빈 주머니 어려운 형편이었으니 도리어 찾아온 친구를 피하려 한 건 아닐까.

그러나 어쩌랴. 바쁘게 열심히 살아야 하는 인생, 친구가 없고 우정이 없더라도 혼자 힘으로 내 인생 내가 책임지고 살아야 하는 것. 이 곳 진주에서 친구를 얻어내면 되는 것 아닌가.

부끄럽게도 이 곳 진주에서도 친구가 없다. 로타리, 라이온스 같은 봉사 단체에서도 끝내 이름 석자 올리지 못했고 그 많은 동갑계 하나 없다. 너무나 각박하게 살아온 인생이라 나 자신을 스스로 낮추고 살아왔다.

그런데 내가 스스로 친구가 되겠다고 다가 갔다면 분수도 모르고 예의도 모르고 염치도 모르고 세상을 모르는 건방진 놈으로 문전박대의 홀대를 당하지 않았을까. 못 가진 녀석이 걸맞지 않게 허세로 위장하고 다가 갔더라면 친구나 우정은 커녕 조소와 하대로 웃음거리가 되지나 않았을까 하고 생각해 본다.

반면, 조금만 가슴을 열고 이해하며 손잡아 끌었던들 평생 친구가 되었을 법 한 사람도 있었을 것이다. 겸손하게 눈높이 낮추고 스스럼 없이 어울려 주었다면 얼마나 좋았겠냐만 나 자신이 자존심 버리면서까지 허리를 굽히지 않으면 친구가 아니었으니 어쩌면 수모요, 어쩌면 모욕 같은 우정, 구걸 같은 우정은 차라리 없는 게 낫고 차라리 외톨이가 나은 것 아닌가.

그러고 보면 이웃 사촌, 매일 만나는 이웃이 친구다. 함께 모이는 동료 업자들, 거래처 사장들, 거래회사 직원들, 점포 고객들과 매일 만나면 대화하고 밥 먹고 술도 마신다. 친구는 아니지만 친구인 척 나 스스로 그들의 친구가 되어 함께 웃고 이야기하며 세상과 인생을 살아가는 지혜를 얻는다. 만나면 손 마주 잡는 사람, 언제라도 소주 한 병 나눌 수 있는 사람, 마음이 통하고 대화가 되는 사람이면 누구나 친구이다. 잘 나고 못 난 것, 있고 없고가 뭐 그리 대단한가.

친구가 있어 마시는 술은 항상 즐거움이다. 가슴이 따뜻한 사람과 마시는 술은 항상 우정과 인정을 더하게 하면서 우리 일상의 괴로움과 스트레스를 날려 버린다.

오늘은 또 어느 친구를 만나 우정과 인정을 칵테일 해서 세상사 안주 삼아 곱씹으며 소탈하고 허물없는 대화를 나누며 소주 한 잔 마실까. 친구가 그립고 소주도 마시고 싶다. 그리운 친구가 있다는 건 잔잔한 기쁨이고 행복이다. 친구와 소주 한 잔 나눌 수 있는 건 또 하나의 즐거움이고 행복이다.

산과 바다는 생각만 해도 나를 기쁘게 한다. 살기 좋은 전원 도시 진주, 천하 명산 지리산이 저만치서 나를 부른다. 푸른 바다 다도해 국립공원도 한 시간 거리에 그림처럼 펼쳐져 있다. 틈이 나면 산이 좋아 산에 가고 바다가 보고 싶어 바다로 간다. 산은 우리를 감싸 안으며 위로와 휴식, 기쁨과 건강을 던져주며 항상 반겨주기 때문에 여간 즐겁지 않다.

일요 산행은 나를 들뜨게 한다. 희망산악회 회원들의 씩씩한 대열 속에 아내와 내가 함께 있다는 것 자체가 즐거움이 아닐 수 없다. 서로 인사하고 안부 묻는 우정이 좋고 웃으며 나누는 대화도 즐겁고 땀 흘려 정상을 오르는 고통과 노력도 즐거움이다.

가쁜 숨 몰아쉬며 오른 정상, 끝없이 펼쳐진 발 아래 조망을 바라보며 아내와 화음을 맞추는 얏호! 메아리는 우리들 마음을 정화하고 순화하고 카타르시스를 느끼게 해서 스트레스 해소에 최고의 명약이다. 친구들과 나누는 소주 한 잔에 몸과 마음에 젊음이 솟구친다. 모두가 웃는 얼굴, 걱정이 무엇이고 무슨 고민이 있을 건가. 땀 흘리지 않는 사람 산을 모르는 사람이 인생의 깊은 뜻, 인간의 값어치를 어이 알랴.

산에는 기쁨도 있고 투쟁도 있고 값진 성취도 있다. 땀 흘리는 기쁨도 알게 하고, 개척 정신과 도전 의식을 갖게 해서 두려움 없는 자신감을 갖게 하며 온갖 어려움을 극복하는 강인한 정신과 인내심을 갖게 한다.

나는 일요일이 다가오면 아내와 함께 아니면 어느 친구와 팀이 되어 산 자락 계곡에 발을 담그거나 구르는 낙엽을 밟으며 인생을 이야기하며 고독과 사색을 즐기고, 소주 한 잔 나누는 기쁨과 낭만을 기대하며 산다.

바다, 남해 바다는 또 얼마나 좋으냐. 남해 어느 이름 모를 포구에서 푸른 바다, 밀려오는 파도와 갈매기 울음소리 벗 삼아 회 한 접시 함께 할 친구는 어디쯤에 오고 있을까 하고 기다리는 마음도 즐거움의 하나다.

특히 남해섬 일주 코스를 즐기는데 새로 개통된 연육교와 창선교, 미조항, 상주해수욕장, 서면 스포츠 파크를 돌아오는 길은 거의 환상적인 풍광과 푸르름으로 우리 몸과 마음을 즐겁게 한다.

일요일 결혼식 참석 등 축하할 일이 있어 산행이 불가능하면 또 다른 즐거움을 찾아 나선다. 한 시간 정도 낮잠도 즐기고 책도 좀 읽다가 늦은 시간에 뒷산을 올라 석합산과 숙호산을 한 바퀴 돈다. 소요 시간 3~4시간 정도 숲 속을 거닐며 고독도 맛 보고 사색도 즐긴다. 벤치에 앉아 시집도 읽고 콧노래도 부르면서 나 혼자 좋고 나 혼자 즐거워서 저 생존 경쟁의 정글 속을 뛰고 달리는 인간 군상을 생각하며 나 혼자서 만세라도 부르고 싶다. 나는 산이 좋다. 나는 바다가 좋다.

새벽 등산, 배드민턴은 정말 좋다. 겨울은 바람이 차고 추워 노인들에겐 치명적이다. 출근 시간에 맞추려면 어두워서도 별 수 없기 때문에 맨손 체조로 만족한다. 그러나 새봄이 오고, 4, 5월이 되면 육신에 힘이 솟는다. 무조건 새벽 5시면 일어난다. 냉수 한 그릇 마시고 운동화 신으면 준비 끝. 뒷산을 오른다. 15분 거리를 달리 듯 오르면 땀이 솟는데 10분 정도 준비 운동을 한 후, 배드민턴을 친다.

새벽의 맑은 공기, 맑은 정기는 최고의 보약이라 하는데 마음껏 들이마시며 하얀 셔틀콕에 우정과 사랑을 실어 보내며 라켓을 내려친다. 땀은 흐르고 스트레스는 사라지고 근심, 걱정, 불안, 초조 모든 것이 눈녹 듯 없어진다. 민첩한 동작, 재미있는 게임에 육신은 즐거워지고 마음은 젊어지고 나이 들어 지키기도 어렵다는 건강은 저절로 튼튼해질 수밖에 없다.

출근 시간에 늦지 않으려 서둘러 내려오는데 5분의 여유도 없이 쫓기 듯 긴장하는 마음과 절제하는 습성 같은 것이 나의 건강을 지켜 주는 것 아닌가 하고 생각한다. 폴카 리듬에 춤추 듯 뛰어 내려오며 나도 모르게 무의식 중에 콧노래를 흥얼거린다. 이 콧노래는 그 순간 최고의 기분, 날아갈 듯 가뿐해진 컨디션, 최고의 상태임을 나타내는 내 육신의 충만함 같은 것이 아닐까. 무엇이 두렵나, 무슨 고민이 있을 건가.

샤워를 마치고 나면 아내는 타월과 생수 한 잔을 권해 준다. 아– 즐거운 인생, 오늘은 또 얼마나 웃고 즐거울 것인가. 새벽 등산, 배드민턴은 더 이상 새벽 운동이 아니다. 이제는 평생을 같이 하는 생활의 한 부분이 되었다. 70세 청춘이란 교과서 속의 얘기가 아니란 걸 외치고 싶다.

책 읽는 기쁨, 글 쓰는 아픔도 즐거움이다. 틈만 나면 책을 읽는다. 시간이 없다는 핑계는 편리하지만 틈을 만들지 않고는 독서가 불가능하다. 꼭 보아야 할 뉴스나 월드컵 중계도 책을 읽으며 시청한다.

토요일은 책방에 들러 책을 산다. 한 두 권 읽어야 할 책이 없으면 흡사 쌀독에 쌀이 떨어진 듯 괜스레 허전하고 영혼의 갈증을 느낀다. 머리 맡에 읽어야 할 책이 있어야 마음은 부자가 되고, 흡족하고 만족한 기분이 된다.

책 속에 모든 인생이 있어 기쁨도 있고 슬픔도 있고 사랑도 있고 이별도 있다. 성공과 실패도 함께 있고 술과 여자, 유혹과 탐닉도 함께 있다. 세상의 모든 고통과 고난도 다 겪어보고 착하고 악한 모든 부류의 인간 군상도 만나보게 된다. 뜨거운 여인을 만나 숨가쁜 사랑도 경험하고 천사 같은 소녀와는 이룰 수 없는 순애보에 울기도 한다.

별로 즐길 게 없던 어린 시절, 최고의 기쁨과 안식처는 책을 펴고 책상에서 독서하는 시간이었다. 그래서 독서는 버릇이 되고 생활의 일부가 되어 오늘까지도 기쁨과 즐거움을 함께 하고 있는 것이다. 독서는 우리들 영혼의 양식으로 지성과 교양을 높여주고 자기 함양, 인간 수양의 기본이 됨을 말해주고 싶다.

동지 섣달 긴긴 밤에 밤잠 멀리하고, 쓰지 않고는 못 배기는 그 무엇이 있어 글을 쓴다. 비록 작문 수준의 글이지만 쓰고 싶은 걸 어쩌나. 워낙 바쁜 생활에 무슨 시간이 있나. 자연히 밤잠 멀리하고 3시간 정도 시간을 벌어 하루가 27시간이다 하면서 글을 쓴다. 옥동자를 분만하는 산모의 마음처럼 아픔과 고통을 참으며 한 편의 글을 완성하기 위해 피를 토하고 영혼을 쥐어짜 듯 붓방아를 찧는다.

겨울에는 일찍 잠자리에 들어 한 숨 푹 자고 새벽 2시경에 잠이 깬다. 세수하고 냉수 마시고 머리 빗고 몸과 마음을 바르게 한 후 스웨터 꺼내 입고 담요 뒤집어 쓰고 울분을 토로하 듯 무엇이라도 쓰려고 노력한다. 이 세상에 태어나서 살아 온 과거사, 적어도 나의 역사와 인생을 담은 자서전 한 권쯤은 남기고 싶다. 엄마 아빠의 만남, 사랑, 고통과 슬픔 같은 것도 아이들에게 교훈으로 들려주고 싶다.

글쓰기는 정녕 고통이고 아픔이다. 그러나 어려움 이기고 한 편의 글을 완성했을 때 얻는 기쁨과 그 즐거움은 결코 경험하지 않으면 모른다. 뼈를 깎는 산고 끝에 옥동자를 탄생시킨 엄마의 마음이 기쁨이고 보람이 듯, 한 편 글을 탈고한 그 보람과 희열은 기쁨 중의 최고 기쁨이 아닐까. 그 기쁨을 즐기는 것은 또한 즐거움 중 최고의 즐거움이 아닐까.

여행도 나를 즐겁게 한다. 가보지 못한 미지의 세계로의 여행은 또 얼마나 큰 기쁨인가. 낯선 곳에서 대하는 풍물과 그 땅에 뿌리 박은 사람들, 그들의 삶과 문화, 그 독특한 음식과 풍속 등 모든 것이 우리 이방인들의 눈길과 관심을 끈다. 그 동안 여러 번 세계 각지를 여행하며 견문도 넓혔고 그 느낌을 적은 여행기 몇 편을 남긴 것도 멋진 추억으로 남는다.

국내 여행은 또 얼마나 많이 다녔나. 집안 형제들끼리 '상족회'란 모임을 만들어 한달 2만원의 적금으로 30여 년 동안 30회 이상을 전국 명승 고적 찾아 누볐으니 그 즐거움이 또 얼마나 큰가.

모두들 생업이나 공직에 바쁘고 틈이 나지 않기 때문에 추석 연휴를 이용해서 집안 행사를 모두 마친 오후 3시경 출발한다. 제주도나 설악산은 몇 번을 다녀 왔고, 판문점, 홍도, 강화도, 공주, 경주, 변산반도, 태안반도, 장기곶, 문경세재, 그리고 명산대찰 아니 간 곳이 별로 없다. 형제들끼리 웃고 즐기며 형제애를 두텁게 하는데 마음은 들뜨고 모두가 즐거워서 온갖 스트레스 모두 잊고 행복해진다.

앞으로 퇴직해서 시간이 되고 여건이 되면, 배낭 하나 둘러메고 완행 버스나 기차를 타고 전국의 산간 오지를 찾아 자연과 벗하며 살아가는 사람들의 삶을 보고 싶다. 그리고 좀 더 여유가 생기면 히말라야, 킬리만자로, 안데스 등 그 산야에 묻힌 오지를 찾아 자유를 만끽하며 산도 오르고 고독과 사색에 잠겨 명상에 몰입해 보는 게 꿈이고 희망이다.

로마의 트래비 분수에서 동전 던져 넣고 소원했던 사연은 부질없는 재물도 아니고 지나고 나면 허무 뿐인 여복도 아니고 오직 건강한 몸으로 다시 로마를 보게 해주십사 하는 기원이었다. 이제 더 늙기 전에 이과수 폭포도 보고 싶고, 이집트 나일강변의 스핑크스도 보고 싶고 로마, 파리, 알프스에도 한 번 더 가고 싶다.

여행은 나를 비우려 떠나는 것이다. 비워진 그 자리에 무엇을 담을까. 사랑일까, 베품일까. 용서도 담을 수 있고 마음의 평화도 담을 수 있겠지. 나는 부질없는 탐욕 다 버린 그 자리에 스스로 감사하는 마음과 작은 것도 만족하는 즐거움을 담아 오고 싶다.

고스톱도 즐거운 게임이다. 한 달에 한 번 정도 고스톱도 즐긴다. 집안 행사에 모인 형제들과 절대 도박이 아닌 순수 오락으로서의 고스톱을 즐긴다. 판돈 몇 푼이야 오고 가지만 도박의 피해를 절감하고 있는 지라 순수하게 친선 차원의 고스톱 소주 한 잔 나누며 웃고 즐기는 고스톱을 고집한다.

나는 일찍 고스톱에 관한 세 편의 글을 쓴 적이 있다. '권우용의 고스톱 명예선언'을 통해 '도박을 않는다', '밤샘을 않는다', '지갑 털지 않는다' 라고 맹세 한 바 있다.

48명의 전사들이 벌이는 신출 귀몰, 변화 무쌍, 예측 불허, 성공과 실패, 대박과 참사, 배반과 화해 등 우리들 인간사 생존 경쟁의 축소판이라 할 수 있는 고스톱을 통해서 그 묘미와 스릴을 즐기면서 기막히게 귀결되는 메카니즘에 푹 빠져든다.

간혹 아내의 무료함을 덜어주기 위해 고스톱을 치며 선심도 쓰고 상납도 하면서 아내의 기분을 북돋워 준다. 돈 천원을 땄다고 즐거워하는 아내를 보며 나도 즐거워 서로 얼굴 마주 보며 웃곤 한다. 그러나 이제는 고스톱보다 더 한 즐거움이 하루 종일 이어져 있기에 좀처럼 게임을 즐길 시간이 없어 못내 아쉽다.

어려웠던 시절의 추억도 나를 기쁘게 한다. 춥고 배고프던 시절, 얼마나 많은 눈물과 슬픔과 좌절이 있었나. 틈틈이 생각나는 그 어려웠던 생활과 추억도 그리움과 향수를 불러오면서 가슴 찡

한 감상에 젖게 한다. 가진 것 별로 없다 해도 그 때보다 얼마나 더 윤택해졌는가. 대학 못 간 것이 천추의 한처럼 느껴졌는데 아이들 모두 석사 박사이니 무엇을 더 바라겠는가.

벤처다 컴퓨터다 야단들인데 그 흐름에서 자칫 소외되고 낙오될 수밖에 없는 늙은이 처지지만, 눈부시게 발전하는 과학 문명, 생활 혁명을 지켜 보는 것만으로도 모두가 신비롭고 경이로와 또한 여생이 즐거울 수밖에 없다. 생각나면 언제라도 자장면 시켜먹을 수 있는 소박한 행복, 그 풍요와 만족을 나는 즐거워한다. 마음의 여유를 가지니 육신은 또 얼마나 즐거운가.

운전면허는 있어도 운전은 하지 않는다. 자꾸만 끔찍했던 사고의 순간이 생각나 괜스레 불안하기 때문이다. 가능하면 대중교통을 이용하는 여유를 갖는다. 장거리 여행도 책 한 권 들고 버스에 오르면 그만이다. 마음 고생, 육신의 피로를 멀리하고 여유도 즐기고 긴장에서 벗어나는 것, 그 또한 기쁨이고 즐거움 아닌가.

그러고 보니 즐겁지 않는 순간이란 있지도 않다. 우리들 인간사 마음 비우고 열심히 살면서 긍정적으로 생각하면 하루 하루, 매일 매일이 기쁨이고 즐거움이다. 나도 인간인데 슬픔이나 불행이 없기야 하겠느냐만 금방 이를 극복하고 잊어버린다. 눈물 같은 것, 슬픔 같은 것, 가슴에 간직해 보았자 좌절과 절망일 뿐 무슨 위로가 되고 구원이 될까. 생활이 즐겁고 육신이 건강하다 해도 얼씨구 절씨구 노래하고 춤추며 천박한 삶을 살지는 않으련다.

어디까지나 겸손하고 착하게 지금까지 살아왔던 그대로 노력하고 절약하며 즐겁고 기쁜 마음, 감사하는 마음으로 살아갈 뿐이다. 돈 명예 지위 여색 등 모든 것에 욕심을 버리고 달관한 듯 여유롭고 진지하게 초연하고 소탈하게 살아가면 그것이 참 인생의 길이 아닐까. 그게 참 행복 잘 사는 게 아닐까.

이제 곧 일흔이 되고 여든이 되면 병을 얻어 아픔도 있을 것이고 사랑하는 사람과 이별하는 슬픔도 있겠지만 담담하고 의연하게 마지막을 맞을 마음의 준비도 해야겠다.

빈손으로 가는 인생, 우리에게 남은 거라곤 아이들 뿐임을 알고 있다. 가야만 하는 그 순간까지 즐겁고 건강하게 살아야함을 알고 있다. 이만하면 잘 산거다 하고 모든 사람에게 감사하고 있다. 욕심을 버렸더니 내가 제일 부자로구나 하면서 웃을 수 있다.

인생이란 만족하고 즐기는 사람에겐 행복이고 희극이지만, 욕심 내고 스스로 불평인 사람에겐 끝까지 불행이고 비극일 수밖에 없다. 이것이 역사가 주는 교훈 아니던가.

이 순간 나는 즐겁고 행복하다. 노력 뒤에 오늘 즐거움, 긴 글을 마무리하는 기쁨과 즐거움 이것이 진짜 행복이다.

효 도

어머니, 어머니 생각만 하면 눈물이 솟는다. 그 어렵던 시절에 칠남매 먹이고 입히려고 밤 낮 고생하신 그 모습과 정성을 지금도 잊을 수 없다. 지금 형편만 되었어도 편히 모실 수 있었는데 하며 아쉬워하고 후회해 보지만, 어머니는 이미 이 세상에 계시지 않는다. 가슴 치며 통곡하면 무슨 소용인가, 살아 생전 효도가 그래서 중요한 것이다.

오늘 오랫만에 들른 김 사장과 점심을 함께 했다. 소주 한 병 나누면서 세상 돌아가는 이야기에서 건강에 대한 덕담까지 대화는 끝이 없었다. 자연히 대화는 부모에 대한 효도까지 이어졌다.

여든도 넘으신 어머니를 뫼시고 살아가는 기쁨, 그것도 건강하신 모습으로 곱게 늙으신 부모를 봉양하며 살아가는 행복을 알아주는 사람이 의외로 적은 데 대해 큰 불만이었다.

"어머니 연세 금년 여든 둘인데, 지금도 정정하시기 때문에 미수(米壽, 88세)도 바라 볼 수 있을 것 같다. 자식으로서 큰 기쁨이고 행복이 아닐 수 없다. 육십을 넘긴 나이에 할아버지 소리 듣는지도 몇 해가 지난 내가 아침 저녁 수염 깎고 머리 빗고 옷 매무새 단정히 하고 무릎 꿇고 문안 드리며, 불편한 것, 드시고 싶은 것, 물어보고 원하시는대로 해 드리며 그 뜻에 따르려 하는 것이

도리이고 효도인데 그 모두가 나 자신을 가다듬고 절제하게 해서, 모든 일에 거짓 없고 잘못됨 없이 해준다. 건강도 저절로 지켜지고 기쁨과 행복도 저절로 얻게 된다 생각하니 효란 얼마나 좋은 덕목인 지 모른다. 그래서 수신제가의 으뜸은 효라 하지 않나."

그래도 효란 한계가 있고 세상 사람들 모두가 어려워하고 힘겨워 하는데 그 자체가 행복이고 기쁨이라니?

"응당 부모의 건강이 좋아야 하고 부모로서의 품위와 교훈을 지녔다면 그 건강만으로도 자식들은 행복 할 수 있지. 한 부모는 열 자식을 거느려도 열 자식은 한 부모를 못 모신다는 세상이거든, 이는 곧 열 자식이 있어도 부모가 건강치 못하면 효도도 물거품이 되고 만다는 말이거든."

그럼 아파서 누워 있기라도 하면 효도가 필요 없단 말인가?

"병 들면 죽음보다 더 한 고통과 아픔을 당하는 것인데 병 중에 계시고 거동을 못하는 어려움과 수발이 있어도 정성을 다해 모셔야 함은 당연한 것이지. 그나마 돌보지 않고 무관심 하게 버려두다 돌아가시고 나서 후회하는 효도, 떠나보내고 나서 울고 불며 가슴을 치는 어리석음은 차라리 불효와 같은 것 아닌가. 그래서 죽어 석 잔 술이 살아 한 잔 술보다 못하다는 거야. 그러니 살아 생전에 정성을 다 해야지. 더구나 어머니의 건강이 나의 행복이라면 나의 건강은 또 자식들의 행복이 되는 거 아닌가. 그래서 부모형제 자식들 모두가 건강해야 모두 다 행복할 수 있는 것 또 건강과 효도를 통해서 발복이 되고 홍복이 된다는 것도 알아야해."

정성과 효심이 모여 발복이 된다?

"우리 어머니는 지금도 동네 어느 집안에서 말썽이나 비극이 있을 때 그 자식들의 효성이나 생활, 그 형제간의 우애를 보면 그 답을 알 수 있다 하시거든. 어느 구석에라도 그 이유와 원인이 꼭 있다는 거야. 그리고 아침, 저녁, 문안 드릴 때마다 우리 집안 무사 안일하고 당신께서 무병 장수 하시는 것 모두가 우리 아드님이 복을 만들고 복을 불러들여 복과 함께 생활하기 때문이라고 덕담을 해 주시거든. 부모님 거역하는 못된 심보에서 욕심이 생기고 악에 물들고 반목이 생기고 범죄가 싹트는 것 아닌가. 부모들의 한결같은 소망과 기도는 착한 아이들 옳은 길 가고 열심히 사는 것 아닌가. 결국 착하고 부지런하며 양심적으로 노력해 잘 사는 것 자체가 행복이고 효도 아닌가. 다시 생각하면 자식의 효도와 부모님 음덕이 모아져서 발복이 되고 가정의 행복이 이루어진다는 말이지."

그래서 망나니는 망나니를 낳고 효자 밑에 효자 난다 했나?

"노모가 건강하게 장수하시니 그것도 큰 즐거움이고 복이 되고 정성들여 뫼시고 돌보아 드리는 마음 가짐이 올바르니 그 역시 즐거움이고 복이 되고 열심히 바르게 살다보니 자신의 생활 건강 어느 것 하나 잘못될 일 없고 자식들 손자 녀석들 이를 본받고 거울삼아 모두가 한결 같으니 무슨 걱정 무슨 우환이 있을까."

孝於親 子亦孝之 身旣不孝 子何孝焉

내가 부모에게 효도하면, 자식 또한 내게 효도하나니

자신이 이미 효도하지 않으면 자식이 어찌 나에게 효도하리오.

〈명심보감〉 '효행편' 에 있는 말이다.

효는 사람이 살아가는 생활에서 가져야 할 덕목 중 기본이고 으

뜸이다. 사랑보다 오히려 더 소중한 덕목이며 자식들에게도 즐거움과 행복을 함께 던져주는 손쉬운 행위다. 그런 효의 개념이 물질 문명, 생활 환경의 놀라운 발달에 발이나 맞춘 듯, 엉뚱한 방향으로 변모되고 있다.

핵가족화에 따른 구성상의 어려움도 있고 뿔뿔이 흩어져 살아야하는 탓도 있지만, 서로가 바쁘고 틈이 없는 세상이라 도저히 자식들 얼굴을 볼 수가 없다. 하루에 전화 한 번 일주일에 얼굴 한 번만 볼 수 있어도 대단한 효자 축에 든다. 아들이라고 며느리라고 함께 살며 아침, 저녁 문안하고 공양하고 수발하는 것은 바라지도 않고 원하지도 않는 것이 현실이다. 오히려 함께 사는 것이 서로가 불편하기 때문에 멀리 있어 소식이 없어도 건강하기만 하면 무소식이 희소식이라는 결론에 누구나 쉽게 동의하게 된다.

다이얼만 누르면 대화가 가능하고 손자 손녀의 재롱이나 노래 솜씨도 전화로 들으며 웃고 즐거워한다. 토요일이나 일요일 아니면 집안 행사 때 가족이 모두 모인 시간은 대화의 홍수요, 웃음과 기쁨의 꽃동산이다.

그 동안의 생활, 애로, 아쉬움, 그리움 등 모든 인간사가 펼쳐지면서 가족이라는 유대, 부모 형제라는 연대가 확인되고 서로 사랑과 존경과 염려를 돈독하게 해준다. 구수한 된장찌개에 무언가 음식을 만들어 손자 손녀 무릎에 앉히고 재롱을 안주 삼아 술도 한 잔 나누면서 웃고 웃으며 정담을 나누고 건강을 축원하는 자리, 나는 그런 모임을 가장 행복한 순간이라 생각한다.

그러나 우리 주위에서 너무나 가슴 아픈 일을 자주 접하게 된다. 아들에게 구타 당하는 사람, 심지어 맞아 죽는 사람도 있다.

반신불수의 노모를 봉양은커녕 제주도 관광지에 버리고 간다더니 이제는 고속도로 휴게소에 버리고 도주하는 현대판 고려장도 등장한다. 부모를 때리지만 않아도 효자이고 맞아 죽지만 않아도 다행이라는 자학적인 비아냥도 들려온다.

어쩌다 이 모양 이 꼴 이런 세상이 되었나. 그 아름답던 도덕 윤리가 왜 이렇게 몰락했단 말인가. 가슴을 치며 통탄하지 않을 수 없다. 부모 뫼시고 섬기는 것이 생활의 기본이고 본분임을 망각하고 귀찮다고 버리고 학대한대서야 어찌 인간이라 할 수 있겠나.

물질 문명 사회의 황금 만능 풍조에 따른 개인주의, 편의주의, 쾌락주의가 몰고 온 가슴 아픈 악폐가 현실로 나타난 것이며, 이는 우리들의 인간성 상실, 경로효친 사상의 실종, 가정 파괴, 인간 생명의 존엄성 파기 등으로 이어져 효가 옛 전설 속의 이야기거리로 남을 날이 올 지도 모르겠다.

그러나 나는 별로 심각하게 걱정 하지 않는다. 내 아이들을 비롯해서 착하고 열심히 살면서 아직은 부모를 공경하고 정성껏 모시려는 마음들이 넘쳐나고 있으며 양로원이나 불우 이웃 돕기 등을 통해 봉사하고 헌신하면서 훌륭하게 효를 행하는 젊은이들이 너무나 많기 때문이다.

말 한마디도 거역 않고, 가능하면 자주 찾아와서 대화하고 보살피며 더 잘해주지 못해 죄스러워 하는 마음만 가졌다면 이는 벌써 훌륭한 효도인데 더 무엇을 바랄 것인가.

그래 어쩔 수 없이 떨어져 살 수는 있다. 그러나 마음은 항상 함께 있어야 한다. 엄마 아빠가 너희를 사랑하 듯 너희들도 엄마 아빠 생각하면 된다. 엄마 아빠는 야단스레 큰 것, 많은 것 생각하지 않는다. 외식시켜 주고 명품 사다 주는 것만 효도가 아니다. 그저 건강하게 열심히 살아주는 것이 최고의 기쁨이고 효라고 생각한다.

엄마 아빠 마음 아프게만 하지 마라. 슬프게만 하지 마라. 지금껏 그래왔 듯이 최선을 다해 살면서 아이들 잘 키우면 된다. 엄마 아빠가 떠나고 너희들 차례가 되어도 또 너희들의 아이들이 그렇게 열심히 착하게 살면 효의 교육, 효의 승계는 저절로 이루어지고 좋은 가문, 화목한 가정의 전통도 자손 만대 자랑스럽게 이어지게 된다.

이렇게 효를 바탕으로 사랑을 함께 하면서 부모 형제, 그 자손들이 한 핏줄 한 가족이 되어 서로 의지하고 도우며 체온을 함께 하며 쓸어안고 살아가는 것이 인생이란다.

그래, 엄마 아빠가 너희들을 사랑하 듯 너희도 사랑하면 그것이 곧 효도다.

책, 또 하나의 양식

토요일 퇴근 시에 가능하면 책방에 들린다. 마음에 두었던 책 한 두 권 사는 것은 즐거운 일이다. 일요일 오전에는 배드민턴 치면서 땀을 빼고 오후에는 기분 좋게 독서삼매경에 빠질 수 있다는 기쁨, 그것은 남들이 모르는 나만의 행복이다. 머리맡에 한 두 권 읽을 거리 책이 없다면 괜히 불안스럽다. 바닥 난 쌀독을 들여다 보시며 한숨 짓던 어머니의 안쓰러운 모습을 회상하며 생전 당신의 심정이 어떠하셨으리라는 생각도 해본다.

산행이나 여행 때 책 한 두 권 가지고 떠나는 것이 하나의 습관이다. 운전을 마다하고 버스를 고집하는 이유가 그 시간 동안 독서나 사색을 즐길 수 있다는 욕심 때문이다. 솔직히 말해서 나는 책이 좋다. 오죽했으면 밥도 먹지 않고 종일 책만 실컷 읽었으면 하는 생각도 했을까. 나는 독서가 좋고 독서는 내 인생의 적지 않은 즐거움이고 행복이다. 따라서 책은 없어서는 안 될 친구가 되고 마음의 양식이 된다.

국민학교 4학년 때였던가. 작문 한 편이 선생님 마음에 들었는지 급우들에게 읽게 하시더니 다음 날 아침 조회 시에 전교생 앞에서도 읽게 하셨다. 추수와 농부의 고마움에 대한 내용이었는데 교장 선생님도 칭찬해 주셨기에 어린 마음에 기분이 우쭐해서 그

날 이후 책이 좋아졌고 소리 내어 읽는 버릇이 생겼다. 국어책은 많이 읽어 외워 버렸고, 중 · 고등학생 때도 영어책은 읽기를 많이 해서 외우다시피 했었다. 항상 10~20점이던 수학과는 달리 국어, 영어는 별 공부 않고도 고득점이었으니 그 비결이 많이 읽고 외우는 것이 첩경이라고 지금도 믿고 있다.

셋방살이 판잣집 희미한 불빛 아래 낭랑하게 흘러나오는 글 읽는 소리에 옆집 사람들이 항상 즐겁다는 인사도 들었다. 주인집 여학생이 그 멋진 책 읽는 소리를 들으면서 괜스레 가슴 두근거리는 핑크빛 사연을 품었었다는 후일담도 있었다.

내가 읽어드리는 심청전, 특히 공양미 삼백석에 팔려가는 심청이의 이별 장면을 들으시며 눈물 흘리시던 아버지, 어머니의 모습도 눈에 선하다. 중 · 고등학교 졸업식 때마다 재학생 송사와 졸업생 답사를 전매 특허처럼 내가 읽었던 걸 생각하면 구민 같은 성우의 소질이 다분히 있지 않았나 하고 안타까워한다.

그렇게 책을 가까이 하면서 책은 내 인생의 반려자가 되었고, 독서는 내 생활의 일부가 되었다. 명절 때 세뱃돈이 모이면 맨 먼저 달려간 곳도 책방이었다. 세계위인전을 읽으면서 나폴레옹, 링컨, 에디슨, 퀴리부인 등 세계사에 빛나는 인물들에 열광하고 감명 받았던 감격은 지금도 생생히 가슴 속에 남아 있다.

그 후로 닥치는대로, 생기는대로, 보이는대로 책을 읽었다. 고등학생이 된 후론 춘원 이광수, 정비석, 김래성, 방인근 등 여러 작가들의 소설을 정신없이 읽었다. 대여료 줄이려고 밤새워 읽고 수업 시간에 졸다가 선생님께 회초리도 많이 맞았다.

공군에 입대해서도 마찬가지였다. 독서실의 신문 잡지 등 무어라도 읽어야 직성이 풀렸다. 주머니 용돈이 없으니 외출인 들 즐거울 수 있나. 자연히 책 한 권 들고 야외나 바닷가로 나갔다. 강릉의 남대천 방천둑 나무 그늘 잔디밭에 앉던지, 경포대 해수욕장 모래밭에 앉아 마른 건빵 씹으면서 책을 읽고 흘러가는 구름을 보며 서러운 청춘을 생각하고 인생을 설계하곤 했다.

일주일 한 두 갑 배급 나오던 화랑 담배를 골초들에게 넘겨주며 책, 책을 요구했다. 그러니 휴가 후 귀대하면서 신작 소설 등 제법 귀한 책도 읽을 수 있었다. 제대하고 2년 동안의 실업자 생활, 그 때도 책만은 손에서 떨어지지 않았다. 기초 정도 배운 영어지만 그냥 잊어버리기 싫어 타임지, 뉴스위크지 등을 소리 내어 읽으며 영어 공부에 몰두했는데 진주에 와서도 결코 쉬지 않았다.

우리들의 조그만 셋방에는 아이들 셋과 단칸 방 어려운 생활이었지만 그래도 사전을 뒤적이며 타임지 읽는 열성이 있었기에 실낱 같은 희망을 버리지 않고 열심히 살 수 있었다고 아내는 지금도 그 때를 회상하고 있다.

업무가 바빠지고 중노동 같은 일과가 계속되면서 책 읽기와 영어 공부는 저절로 멀어지게 되었다. 피곤해 쓰러져 잠들어야 하는 생활에 독서가 무슨 소용이었겠나.

독서는 결코 빵이 될 수 없다는 비참한 현실에 밀려 오직 아이들과 굶지는 않아야지 하는 치열한 생존 경쟁에서 독서의 즐거움도 팽개치고 책과도 이별한 채 10여 년이 흘렀다. 큰 아이가 중학생이 되었을 때 정신이 번쩍 들었다. 영어 하나는 기초를 다져 주어야지 하는 마음에 예습, 복습시키면서 다시 책을 읽게 되었다. 둘째와 딸 아이가 중 · 고등학생일 때는 한 손에 회초리를 잡고 나 자신이 더 열심이었다.

바쁜 철 지난 겨울 날, 수금하기 위해 버스편 먼 길을 갈 때도 책 한 권 손에 들고 있었다. 어느 시골 동네 바람막이 양지 쪽에 한 시간을 서 있어도 오지 않는 완행버스를 기다리며 읽었던 그 책, 나는 지금도 그 순간의 아름다운 추억을 생각한다. 손발은 꽁꽁 얼었지만 역시 그 때 책들을 잘 읽었구나 하는 생각에 흐뭇해지기도 한다. 그리고 이제 어쩌면 눈조차 어둑어둑한 인생 황혼에 그래도 늦은 밤 책상에 앉아 아직도 내가 무엇인가 읽고 생각하고 쓸 수 있다니 이보다 더 기쁠 수가 어디 있나 하는 생각에 행복해하고 있다.

책 속에 길이 있고 인생의 모든 것이 다 있다. 삶이 있고 사랑이 있고 아픔도 있고 철학도 있어 인생사 모든 희로애락이 함축되어 있다. 책 속에 모든 진실, 교훈이 다 있고 성공과 실패도 있어 착하고 아름다운 삶과 더럽고 추악한 모습들의 필연적인 귀결이 우리들에게 갈 길을 깨우쳐 준다.

책 속에는 모든 사람들이 다 있다. 인간 군상, 수많은 인물들이 등장하며 싸우고 헐뜯으며 치열한 생존 경쟁에 양심도 버리고 목숨 걸고 내닫기만 한다. 돈이 최고라는 졸부들의 술수와 욕망도 있고 권세가 최고라는 정치꾼들의 위선과 기만도 있다. 마음의 평화가 최고라는 스승들의 고매한 인격과 교양도 있다.

책은 생활이고 체험이다. 책을 읽으면서 대리 체험을 통해, 반면 교사를 통해 새로운 인생을 체험하고 개척하면서 이해하고 화해하고 극복하는 용기도 가지면서 거치른 세파를 헤쳐갈 수 있는 것이다.

책은 또 인격이고 수준이다. 필자와의 문답이라는 독서를 통해 머리에는 이성과 지식과 교양을 얻고 가슴에는 사랑과 따뜻한 인간애를 안고 육체에 힘찬 에너지를 충전할 수 있다면 독서야말로 우리 인간이 누릴 수 있는 최고의 행위가 아닌가.

까마득한 옛날, 누가 처음 책을 쓸 줄 알았을까. 인류 역사상 가장 위대한 인물은 그 사람임에 틀림 없으리라. 책을 읽고 사색하고 책을 읽으며 발전하고 개척해 온 것이 오늘날 우리들 인간의 역사임을 생각할 때 눈부신 과학 문명 물질 문명도 책이 있어 이루어진 거 아닌가.

정원에는 꽃을 심고 집은 책으로 채우자. 책 만큼 매력 있고 가치 있는 가구가 어디 있나. 그러나 읽지 않고 장식으로 꽂은 책은 천박스럽기 짝이 없다.

이제 낙엽 지는 가을이 온다. 가슴 아픈 추억, 아름다운 옛날을 되돌아보면서, 고독과 사색에 잠겨 책 한 권 읽는 가슴 벅찬 기쁨을 즐기고 싶다. 지난 일요일은 〈가시고기〉를 읽었고 다가오는 일요일엔 〈자전거 여행〉을 읽을 것이다.

사람이 밥만 먹고 우째 사노? 그래 맞는 말이다. 술도 마시고 연애도 하고 사랑도 해야겠지만 우선 독서를 통해 따뜻하고 고운 마음, 옳고 바른 양심의 인간이 되어야 하는 것 아닌가.

독서는 사랑과 행복의 농사다. 따라서 책은 마음의 양식이다.

책은 영혼의 양식이고, 영원한 우리들의 스승이다.

집 멀미와 책 멀미

어린 시절에 심한 멀미로 많은 고생을 했었다. 항상 콩나물 시루 같은 버스 안의 불결한 냄새와 기름 냄새가 멀미의 원인이었다. 맑은 공기를 마시려 창문을 열어야 하는데 추운 겨울이 문제였다. 두통, 어지럼증에 구토까지 할 때도 있었기에 차라리 이를 피해 남산동 학교까지 걸어 다니곤 했다. 나의 튼튼한 두 다리는 중학생 시절 그 놈의 멀미 때문에 단련된 것이라 해도 틀린 말이 아니다.

나이 들면서 체력이 생기고 멀미의 공포도 사라졌지만 황당했던 그 추억만은 지금도 가슴에 앙금처럼 남아 있다. 배 멀미, 비행기 멀미도 있다지만 여러 번의 해외 여행에서 별다른 고통을 받아본 경험이 없기에 이제는 모든 종류의 여행 수단을 즐길 수 있어 퍽 다행이라고 생각하고 있다.

그런데 칠십 평생을 살면서 이웃을 겪어보고 친족, 친구들과 어울리면서 새로운 형태의 멀미를 발견하게 되었다. 이른바 집 멀미와 책 멀미이다. 이 말은 우리말 사전에도 없는 걸로 봐서 내가 처음 만들어 쓰는 말인 것 같고 앞으로 많은 글 속에 편리하게 사용될 것으로 보인다.

주위를 살펴보면 분명 집 멀미라는 것이 있고 그로 인해 고통을 받는 사람들이 적지 않음에 새삼 놀라게 된다.

집에만 들어가면 골치 아프고, 짜증 나고, 답답하고 스트레스를 받아 살 수 없는 사람이 있다. 괜스레 아내가 원수 같아 보기 싫고 자식들은 무거운 부담 같아 생활 자체가 지옥처럼 지겨운 사람도 있다.

이런 사람들을 주위에서 쉽게 찾을 수 있다. 애정 없는 생활, 우거지상 아내가 정말 보기 싫다, 예쁘기만 하고 날씬하기도 한 여인들처럼 왜 애교도 없고 매력도 없는가. 항상 말썽만 일으키는 자식들, 왜 공부는 않고 망나니 짓만 하는가. 말하고 행동하고 생각하는 것 모두가 엉뚱하고 불량스러우니 무슨 희망과 기대가 있을 것이며 용돈과 공부에 불평 불만이니 무슨 정진과 발전이 있으랴.

꼬여만 가는 집구석 꼬락서니를 보니 무엇 하나 기쁘고 즐거운 일 있을 리 없고 쌓이는 것은 절망 뿐이고 좌절과 한숨 뿐이다. 소망과 애정이 싹터야 할 보금자리에 대화는 없고 하숙이 되고 창살 없는 감옥이 되어 불 꺼진 항구처럼 삭막하고 찬바람만 불게 한다. 서로가 네 탓이라고 미루고 어느 누구 하나 솔선 수범하는 노력과 희생이 없으니 애정이나 효성 같은 것이 있을 리 없다.

아이들의 재롱이나 성장이 기쁨이나 보람일 리도 없고 원망이나 삿대질로 고함을 지르고 손찌검도 하게 되어 서로가 원수가 되고 만다. 자연히 그 가정은 비정과 파탄의 정 코스로 빠져 들면서 풍지박산, 콩가루 집안이 된다. 가족이 뿔뿔이 흩어지면 가출 문제아가 생기고 술과 잡기에 위안을 얻으려 하지만 파멸의 문턱으로 가는 가속도만 더할 뿐이다.

가장은 밖으로만 돌면서 가정을 버리고 또 다른 여성과의 추잡한 관계가 생기고 아내는 실의에 빠져 대인기피증과 우울증에 시달리며 두문불출, 자포자기의 가슴 아픈 파경을 맞게 된다. 아이들은 애정결핍증에 걸려 불량 소년 · 소녀가 되며 세상 모든 사람들이 원수인 양 증오하고 말썽 부리며 문제를 만들고 사고를 치면서 인간 쓰레기의 어두운 인생을 살게 된다.

마누라 보기 싫은 사람, 아이들이 원수 같은 사람, 가정이 감옥처럼 지겨운 사람, 이런 사람들은 개인적으로도 비극이지만 사회적으로도 적잖은 불안 요소를 만들고 있다. 어두운 생활에 따른 범법 행위와 범죄 발생의 증가는 곧 사회 불안 요인이 되고 자칫 대형 인명 사고의 원인이 되기 때문이다.

집 멀미의 예방을 위해서는 부부간의 사랑과 희생을 토대로 해서 가족 모두가 아끼고 보살피며 한결 같은 이해와 관심 속에 노력하는 열성이 있을 때 행복하고 즐거운 가정이 이루어지는 것 아닌가. 좀 더 세상을 맑고 밝게 보면서 열심히 사는 사람에겐 결코 집 멀미가 있을 리 없다. 땀 흘리며 성실하게 살면서 무엇인가 이루어 보려는 소망과 열정을 가진 가족에게 집 멀미란 가당치도 않은 말이다.

가정은 오케스트라 같은 것. 부부간의 신뢰가 쌓이고 애정이 꽃피면 아이들의 사랑이 싹트고 저절로 공경과 효도도 이루어진다. 모두가 자신의 자리에서 꿈과 소망을 위해 제 몫을 다해 땀 흘리며 협조할 때 아름다운 앙상블이 이루어지는 것이다. 그 화음이 곧 기쁨이고 행복이다.

그러면 책 멀미란 무엇인가?

책만 펴면 골치 아프다는 학생도 있고 일 년이 가도록 아니 어쩌면 평생 책 한 권 읽지 않는 사람도 많다. 책만 펴면 눈이 어지럽고 머리도 띵하고 골치 아프다는 사람이 있다. 무슨 내용인 지 연결도 안 되고 집중도 안 되고 책이라면 아예 도망이라도 가고 싶은 사람이 있다. 신문 한 장도 읽지 않는 사람은 분명 만성 책 멀미 환자가 아닌가.

도쿄의 지하철이나 신간센에서 보면 멍청하게 앉아 있는 사람은 극히 드물다. 모두들 책을 읽고 하다 못해 신문 잡지 만화라도 읽고 있다.

그러나 우리는 어떠한가. 지하철 열차에서 책을 읽는 사람은 극히 드물다. 입시 공부나 과외 열풍 아니면 엄마의 공부하라는 성화 때문에 생긴 스트레스 때문인가. 모두들 졸업만 하면 책하고는 담을 쌓는다. 학생이나 젊은 층, 노인들 모든 계층의 국민들이 감각적인 게임에 빠지지 말고 책 읽기를 생활화해야 한다.

책 속에 진리가 있고 학문이 있고 인간의 삶이 있다. 책을 읽어야 사랑과 미움도 알게 되고 성공과 실패도 알게 된다. 또 책을 읽어야 기쁨과 슬픔도 알게 되고 우리들의 삶 자체도 바로 보게 되어 자신의 좌표를 그려보며 꿈과 내일을 설계하게 된다.

그런데 젊은이들은 모두 컴퓨터에 미쳐 있다. 나이든 세대는 무기력 속에 세월을 허송하고 있다. 정보화 시대의 총아 컴퓨터의 매력이나 위력을 무시하거나 평가 절하 하려는 것이 아니다. 거대한 정보의 홍수 속에 편승하고 동참하면서도 책만은 읽어야 한다는 것이다. 시집 한 권, 소설 한 편이라도 읽어야 한다.

갈 곳 없고 할 일 없이 소외되고 외롭다는 노인들은 손에 책을 들고 공원 벤치에 앉아 독서를 즐긴다면 얼마나 아름다운 전경일까. 독서삼매경에 빠지면 책 속에 길이 있고 진리가 있기에 고단했던 생활 역정에 위안이 되고 친구가 되어 대화도 이루어지고 암울한 가슴에 산소 같은 카타르시스가 이루어질 것이다.

가끔 퇴직하면 무엇으로 소일할 것이냐는 말을 듣는다. 나는 형편이 안 되어 주말 농장 마련할 것도 없고 어디 여행이나 다닐 여유도 없고 골프를 배울 엄두도 낼 수 없다. 그러나 경로당에 앉아 장기나 고스톱으로 소일하지는 않을 것이다. 무조건 책을 읽을 것이다. 도서관도 자주 찾을 것이고 산을 찾아 숲 속에 호젓이 앉아 독서를 즐긴다면 얼마나 좋을까. 책 속의 주인공을 따라 모험도 하고 사랑도 하고 저자와의 즐거운 대화를 통해 새로운 세상, 또 다른 인생을 간접 체험해 보고 싶다.

책만 있으면 세월 흘러가는 것 또한 얼마나 큰 즐거움일까 하는 생각이다. 책 읽는 기쁨과 행복을 목마르게 고대했던 젊은 날을 생각하면 슬프도록 가슴 아프기까지 했다. 소원처럼 독서로 소일을 한다면 그 또한 인생 황혼에 별다른 즐거움이 아닐까.

그러고 보면 책 멀미 환자에 비해 나는 확실히 행복한 사람이다. 독서하는 습관을 길렀던 어린 시절 그 행복했던 순간을 회상하며 다시 한 번 독서의 기쁨과 즐거움을 갖게 될 생각을 하니 마냥 행복해지기도 한다.

책 멀미를 앓는 사람일수록 시간이 없다고들 한다. 하지만 시간이 없다는 것은 멀쩡한 핑계다. 짬을 내고 틈을 타서 한 편의 시를 읽고 예술의 향기에 취해 보자.

책 멀미 환자들은 장소가 없다고들 한다. 독서에 무슨 장소가 필요한가. 가정, 지하철, 사무실 어느 곳 어디서나 가능한 것이 독서다. 공원의 벤치도 좋고 숲 속이나 계곡은 더욱 더 좋다. 가정은 가장 좋은 독서 장소이다. 근무처에서도 자투리 시간을 활용하면 시 한 편을 읽을 수 있고 순간적으로 스트레스에서 벗어날 수도 있다. 독서에 장소를 문제 삼는 것은 부끄러운 변명이고 궤변일 뿐이다.

책 멀미 환자들은 읽을 책이 없다고들 한다. 재미있는 책이 없고 수준 높은 책이 없다면서 유식한 체 헛기침을 한다. 그런 사람일수록 책장에는 전집류가 가득하고 브리태니커 백과사전도 장식용으로 진열되어 있어 허울 뿐인 지성을 과시하고 가식 뿐인 교양을 선전하면서 자기 도취의 모순에 빠져 있다.

수필집을 읽어도 좋고 명상록을 읽어도 좋다. 인생의 그 무엇, 고뇌, 아픔 같은 것을 느끼게 해주기 때문이다. 세상에서 아까울 것 없이 가장 유용하게 쓰여지는 것이 책값이다. 오래도록 간직할 수 있고 몇 번이나 읽을 수 있고 아이들이 다시 읽을 수 있는 것이기에 결코 아깝지가 않다.

정원에는 꽃을 심고 책장에는 책을 꽂자. 엄마 아빠의 책 읽는 모습은 아이들에게 본보기가 되고 모범이 되어 책 멀미, 집 멀미를 예방해 주는 방법이 되고 인성 교육이 된다. 아이들과 함께 읽은 동화 한 편이 아이들을 착하게 만들며 대화를 나누며 이해도 쌓게 해서 집 멀미 책 멀미의 고통을 멀리하게 해준다. 책을 읽으면서 아내와 사랑하고 독서를 하면서 아이들과 대화를 나누자.

모든 분야의 최소한의 지식(something of everything)과 전문 분야의 모든 지식(everything of something)도 저절로 갖추어져 생존 경쟁에서의 승리자가 되고, 지성과 교양을 갖춘 인격자가 될 수 있다. 최후의 승리는 물질이라지만 역시 그 길은 책 속에 있고 답도 책 속에 숨겨져 있다. 그래서 펜은 칼보다 강하다 했다.

바늘 구멍

백세를 누리소서!(百歲亨壽)

우리는 흔히 70세 고희(古稀)를 맞은 어른이나 드물게 77세 희수(喜壽), 81세 망구(望九), 88세 미수(米壽), 99세 백수(白壽)를 맞은 노익장을 뵙고 축하를 드릴 때 더 오래 사시도록 축원하는 덕담으로 이 말을 쓴다. 그러나 아무리 의학이 발달하고 생활 수준이 향상되었다 해도 백세의 장수를 누리는 사람은 많지 않다. 어느 누구나 생로병사의 숙명에 따라 언젠가는 질곡 많은 삶을 마감하고 하늘 나라에 올라야 한다.

잘난 사람, 못난 사람, 높은 사람, 아랫 사람, 가진 사람, 헐벗은 사람, 누구 하나 예외없이 공정하고 공평하게 죽음이란 최후를 맞이하게 되어 있는 것이다.

한없이 아름다웠을 수도 있고 한없이 추악했을 수도 있었을 인생을 마감하고 북망산 어느 곳 두어 평 땅 아래 묻히는 순간, 우리들 영혼은 어디로 가고 있는 것일까. 천국으로의 유쾌한 여행인가. 지옥으로의 무서운 추락인가. 여기서 나는 천국과 지옥의 실체를 얘기 할 생각은 없다. 다만 영생불멸이라는 우리 영혼에게도 어딘가에 안식처가 있으리라 믿고 있을 뿐이다.

우리는 어린 시절부터 착한 사람은 천국에 들고 악한 사람은 지옥으로 떨어진다고 배웠고 비슷한 이야기를 수 없이 들어왔다. 천국에 가기 위해 착해야 한다는 것은 아니지만 역시 인간은 착하게 태어났기에 착하게 살아야 한다고 깨닫고 살아왔다. 그러나 세상사, 세상 사람 모두가 착하기만 한 것은 아니다.

다양한 사회 구조에 이해 득실이 얽히고 욕심과 탐욕이 판치면서 나 혼자 나 먼저 챙기려는 이기심이 생기고 죄악의 구렁텅이는 여기 저기서 독버섯처럼 유혹의 손길을 내밀고 있는 것이다. 다행히 착하게 살면서 아름다운 세상을 위해 무엇인가 봉사하고 희생하며 살다 떠나간 성인들의 빛나는 생애가 우리에게 무엇이 인생인가를 가르쳐 주고 있다.

우리는 영화나 드라마에서 흔히 최후를 맞는 모습들을 본다. 지극히 평온하고 행복하게 최후를 맞는 것은 착한 마음으로 하늘 아래 어느 누구에게도 부끄럼 없는 사람들이다. 발악하고 무서워하고 피해 보려 발버둥치는 것은 필시 무엇인가 두려워하는 악한 무리의 사람들이다.

착한 사람들의 죽음은 편안하고 축복이 될 수 있다. 성인 슈바이처는 "아, 행복하다" 했고, 마더 테레사 수녀도 "감사합니다" 라며 고운 웃음으로 세상을 떠났다. 이들이 무슨 재산 무슨 권력을 가졌던가. 모든 걸 나누고 베풀면서 봉사하고 희생하지 않았던가. 그런데도 그들의 마지막 한마디가 감사, 사랑, 은혜, 만족, 기쁨을 말하고 있다면 정녕 그들은 행복하고 착한 사람 아닌가.

반대로 최후를 맞는 수전노, 욕심쟁이 악당, 파렴치범들은 한결같이 두 눈 부릅뜨고 고함 지르며 공포에 두려워하고 저항하고 있다. 죽어 보지 않아 저승을 모르지만 그 순간 무슨 심판이 있기에 저토록 상반된 모습을 보이는 것일까. 필시 최후의 심판이 내려지고 천국과 지옥의 갈림길에서 그 무슨 문을 통과해서 어디론가 먼 길을 떠나는 것이 아닐까. 요단강 건너서 천국으로 가는 것일까. 구천을 헤매다 어느 나락으로 떨어지는 것은 아닐까.

여기서 항상 생각나는 성경 말씀은 '부자가 천국에 들기는 낙타가 바늘 구멍에 들기보다 더 어렵느니라' 하는 구절이다. 이는 천국으로 가는 문은 바늘 구멍처럼 좁아 부자는 좀처럼 통과하지 못한다는 말이 된다. 당연히 바늘 구멍을 통과할 수 있는 사람은 돈 많은 부자가 아니라 비록 가난하지만 맑은 영혼, 깨끗한 양심을 가진 사람이다. 세상 업보에서 무엇이라도 착하고 아름다운 봉사와 희생을 많이 한 사람을 말하고 있는 것 아닌가.

그러면 왜 부자는 바늘 구멍에 못 드는 것일까. 부자란 양심적이건 합법적이건 간에 여러 사람이 나누어 가져야 할 재물을 혼자서 많이 모으고 차지해서 보유하고 있는 사람을 말한다. 자본주의 국가에서 부의 탄생은 필연적인 것이고 당연한 것이기에 이를 비난할 하등의 이유가 없다. 그래도 지나친 부의 축적은 그 방법과 효용 가치에 있어 자칫 사회의 지탄을 받을 수도 있다.

부는 한 사람에게 모여진 여러 사람의 저축이라 한다. 남보다 먼저 모으고 쌓는 노력이야 있었겠지만 그래도 여러 사람, 즉 사회의 도움 협조 없이는 거부나 재벌이 될 수 없다. 착취나 탈법 없이 어찌 재벌이 될 수 있느냐는 부정적인 시각도 많다. 더러는 폭리, 부정, 탈세, 밀수, 정경유착, 야합 등의 비리를 통해서 거부의 출현이 이루어지면서 부끄러운 범죄 행각이 뜻 있는 자들의 울분을 자아내게 한다.

곡간 가득 쌀을 쌓아 놓고도 욕심을 더하여 곡간 하나를 더 채우고 또 채우려 해야 천석군, 만석군이 된다. 곡간 하나로 만족해서 그것을 나누고 베풀고 했다면 결코 천석군, 만석군이 생겨날 수 없다. 그 나머지가 동네 사람들의 몫이 되었을 거라고 생각하면 인정 사정 보지 않고 안면, 양심 몰수 하는 더러운 욕심과 탐욕을 가졌기에 치부가 가능해진다.

집념과 욕심을 탓 할 사람은 없다. 모으고 쌓는 것도 자기의 역량이고 능력인데 이를 탓하고 비방 할 자유는 누구에게도 없다. 다만 곡간마다 가득찬 곡식의 효용 가치는 문제가 된다. 재물을 쌓아두고 쓰지 않으면 배설물 같이 썩는 냄새가 나지만 베풀고 나누면 사랑과 행복을 키우는 비료가 되어 희망의 새싹을 키운다. 그래서 세상의 내노라 하는 거부들은 아낌없이 나누고 베풀고 세상을 떠났다. 즐거이 사회에 환원하고 떠났다.

강철왕 카네기는 어떤가. 부자로 죽는 것은 부끄러운 일이라면서 성공한 사람은 사회에 빚을 지고 있기 때문에 살아 있을 때 사회에 베풀고 죽음을 앞두고는 전부를 기증 할 준비가 되어 있어야 한다고 했다. 그가 전 재산을 쾌척해서 공익 사업에 투자한 것이 2000여 개의 도서관으로 남아 학문 연구의 요람이 되고 있다.

록펠러는 어떤가. 생전에 모은 재산 저승에 갖고 가는 것도 아니고 유용하게 써야 한다면서 전국의 영재에게 장학금을 주어 매년 1만 명 이상의 인재들이 그 혜택을 누리고 있다. 그 중에서 60여 명의 노벨상 수상자를 배출했다 하니 그 영광이 어떠한가. 그 거룩한 뜻과 전통이 오늘날에도 이어져 오고 있으며 그 명예 찬사가 자손 만대에 어어져 오고 있다.

현존 세계 최고 갑부인 빌게이츠는 전 재산 오백 억 불 중 자식을 위해 천만 불만 남기고 전 재산을 자선 단체에 기탁하므로써 부에 대한 부정적인 감정을 잠재우고 '봉사하고 도와주는 부', '아름답고 고마운 부'의 이미지를 심어주면서 사랑과 존경을 한 몸에 받고 있다.

그런데 우리의 실정은 어떤가. 불행하게도 우리의 거부나 재벌들은 더러 사회에 봉사하고 환원한 사례가 있다 해도 면피용 생색내기인 것 같고 오히려 변칙 상속이나 탈법 증여를 통해 부의 세습에만 추잡한 잡음을 일으키고 있어 손가락질 받고 있다.

유한양행의 유일한 박사의 고결한 철학이 우리 가슴을 흐뭇하게 하고 있다. 생전에 이 사회에서 모은 재산, 사회를 위하여 환원함이 옳다하시며 부의 세습도 마다하고 아이들은 대학 졸업까지만 돌봐주고는 자립하도록 조처했다. 또 재산 전부를 사원들의 복리와 후학 양성을 위한 육영사업에 내놓아 뜻있는 사람들의 가슴에 뜨거운 감명을 주고 있다.

최근에는 법정 스님의 무소유 사상이 큰 호응을 얻으면서 '버리고 떠나기' '베풀고 떠나기'가 심심찮게 가슴 따뜻한 사람들의 관심을 끌고 있어 큰 기대를 갖게 한다.

소크라테스는 "부자가 그 돈을 어떻게 사용했는지 알기 전에는 그를 칭찬하지 마라"고 했다. 한 인간의 평가는 관 뚜껑이 덮여봐야 안다고 한다. 우리는 카네기나 록펠러, 유일한 박사처럼 훌훌 털고 모두 나누고 아낌없이 베풀고 떠나 간 사람들이 맑고 아름다운 영혼으로 바늘 구멍 좁은 문을 통과해서 천국에 들었을 것을 의심치 않는다. 천국의 좁은 문 앞에서는 돈의 위력도 없고 권세도 없고 뇌물도 필요 없다. 다만 이승에서의 인간다운 생활, 착하게 살면서 얼마나 베풀었나 하고 맑고 가벼운 영혼의 순수를 심판하는 것이니까 말이다.

나는 얼마 전 만난 어떤 사람과의 대화에서 큰 충격을 받았다. 어느 부자가 죽으면 '축 사망 지옥에 가거라' 라는 축전을 치겠다는 것이었기 때문이다. 그런 범죄형 전보는 우체국에서 접수도 하지 않는다는 우격다짐으로 대화를 끊었지만 증오나 원한이 오죽했으면 그런 생각일까 하고 나 혼자 가슴이 아팠다. 가진 사람이 얼마나 인심을 잃었기에 그런 소릴 했을까. 수전노처럼 얼마나 악랄하고 치사스럽게 착복하고 빼앗고 삼키고 짓밟고 죽일 놈 행세를 했기에 이런 모욕을 당하는 것일까.

남이야 죽든 말든 나 혼자만 잘 먹고 잘 살면 그만이라는 졸부들의 욕심만큼 가증스럽고 더러운 게 없다. 재물을 모아 큰 성공을 했을 때 종업원의 희생과 가족 이웃 친구 사회의 도움이나 사랑 은혜가 있었기에 가능했다고 한 번쯤은 생각을 해야 한다. 곡간 가득히 쌓아 두었다면 혼자만 포식하지 말고 온정을 갖고 헐벗은 자들에게 조금씩 베푸는 것이 인정이다.

겸손하게 베풀면 사회 전체가 평온해지고 명랑 사회가 이루어진다. 혼자서 욕심 내는 세상에선 애증만 깊어지고 계층간의 갈등만 생겨서 사회적 불안이 조성된다. 많이 가진 자는 덜 가진 사람에게 또는 못 가진 사람에게 베풀고 나눌 때 세상은 맑아지고 밝아진다. 1달러면 아프리카의 굶어 죽는 아이 하나 살릴 수 있다 한다.

혼자 음식 욕심 내어 뚱뚱이가 된 사람, 금붙이 호화 장식품으로 치장한 사람, 쌓아둔 것 썩는 줄 모르고 더 욕심 내는 사람, 혼자 잘 되려고 세상을 속이고 착한 사람 울리는 사람, 말로만 애국을 외치면서 정경유착, 권력에 개입해 나라 경제를 망치는 위정자들, 이런 사람들은 지금부터라도 겸손하게 눈높이 낮추고 체중도 줄이고, 고운 마음 바른 양심으로 이웃과 세상을 바라보자.

세상에 베푸는 것은 따뜻한 말 한마디도 좋고 밥 한 그릇이라도 좋다. 그렇게 돕고 사는 것이 사람의 길이다. 그렇게 사는 것이 잘 사는 인생이다.

"마음이 착한 사람은 복이 있나니 천국이 저희들 것임이니라."

여기서 이 성경 구절이 생각나는 것은 무엇 때문일까.

어쩌면 이 글을 끝맺음하는 멋진 귀결이 아닌가.

타이타닉 수영법

가난이 더럽고 서럽거든 가난을 이겨라.
가난이 지겨워 못 살겠거든 가난을 탈출하라.
가난 탈출의 단 하나의 방법은 부자가 되는 것임을 명심하라.

누구의 말인지 옳은 말이다. 그래서 우리들 인생은 잘 살기 위해 부자가 되기 위해 경쟁한다. 입시 경쟁, 과외 경쟁, 취업 경쟁 등 치열한 싸움판에 몸을 던져 온갖 생업에 매달려 발버둥치고 있는 것이다.

정경 유착에서 변칙 상속에 이르기까지 온갖 부정, 부패, 비리, 야합, 폭력, 탈세, 뇌물 같은 것 모두 따지고 보면 온통 잘 먹고 잘 사는 부자가 되기 위해 저지르는 술수임을 알게 된다.

부자가 되기 위한 달리기에서 자기 능력에 의해 승리자가 된 사람을 힐난하고 비방할 이유는 없다. 하지만 고운 마음 바른 양심으로 성공하고 거부가 되는 사례는 하늘의 별따기 만큼이나 어려운 일 아니던가.

따라서 칠전팔기 노력 끝에 입신 출세한 모범적인 성공의 주인공은 당연히 존경과 칭송을 받아야 하고 사회의 귀감이 되어야 한다. 반면에 부정한 수단 방법을 통하거나 악질적인 범죄 행각으로 졸부가 된 사람은 마땅히 사회적인 지탄의 대상이 되어야 한다.

수단 방법 가리지 않고 인정 사정 몰수하고 양심 팽개치고 법을 어겨 가면서까지 훔쳐 넣고, 받아 먹고, 챙겨 넣고, 가로 채고, 거두어 먹고, 빼어 넣고 하면서 재산의 축적을 꾀하는 작태는 두말할 것도 없이 정의 사회 구현 차원에서 엄벌해야 한다.

또다시 IMF 이야기가 자주 등장한다. IMF 졸업이라며 샴페인 터뜨린 것이 어제인 듯 한데 또 다시 그 때보다 더한 검은 그림자가 다가오면서 못 살겠다며 야단들이다. 파산, 부도가 잇따르고 퇴출, 실직으로 일자리를 못 찾은 사람이 백만 명도 넘는다 한다. 집까지 빼앗기고 가족들도 헤어져 노숙자로 전락한 사람들도 많고 아이들과 동반 자살하는 비극도 있다. 카드 남발로 신용불량자만도 360만 명이나 된다니, 살기가 얼마나 어려워졌나 알 수 있다.

자선단체에서 제공하는 무료 급식에 줄줄이 늘어선 행렬이 우리들 가슴을 아프게 한다. 도대체 우리 경제가 어쩌다 이런 꼴이 되었는 지 울분을 토하게 한다. 불황의 골짜기, 어려운 생활 환경 속에서 죽어나는 것은 두말 할 것도 없이 우리들 가진 것 없는 서민들이다. 어려운 시기마다 피땀 흘려 일하고 저축해서 사회와 국가에 대한 의무를 성실하게 다 해온 것은 우리들 서민들의 몫이 아니던가.

새벽부터 밤까지 생산 공장에서 건설 현장에서 또는 논밭에서 허리띠 졸라매고 땀 흘리는 것은 우리들의 숙명적인 삶 아닌가. 노력한 보람이 있어, 자립하고 가난을 벗어 났다면 좋으련만 사회적인 구조가 가난한 사람은 항상 어두운 수렁에서 허우적거리게 마련이다. 좀처럼 가난 탈출의 기회를 잡을 수 없다. 그렇다고 자포자기 하고 체념한 채 앉아 있을 수만 없고 그래도 꿈, 희망, 용기를 안고 열심히 노력하고 살아가야 하는 것이 우리들 서민들의 삶이고 숙명이다.

취업 경쟁, 수입 감소, 경제 불안 같은 고통은 항상 우리 곁에서 서민들의 끝없는 시련이 되고 부담이 되어 생활고의 멍에만 씌워주고 있다.

그럼 우리 서민들은 가난의 고리를 끊기가 불가능하단 말인가. 가난의 굴레를 벗어나면 첩경이지만 지금의 형편 그대로 살아가면서 극복하고 쟁취하는 방법은 없는 것인가.

별 수 없이 열심히 노력해서 쓰러지지 않고 살아 남아야 하는 것이 첫번째 명제다. 먼저 적자 생존을 생각해야 한다. 적응하는 놈만이 살아 남는다. 자기 혁신을 꾀하면서 하루 하루 변하지 않으면 안 된다. 눈높이 낮추고 몸높이도 낮추고 절약하고 절제하면서, 스스로 적응하고 극복하는 방법밖에 도리가 없다. 쓸 것도 없고 아낄 것도 없는 생활이지만 행여 불필요한 낭비가 없어야 하고 뼈를 깎는 아픔 같은 능력 개발의 정신 무장이 필요하다.

정글 법칙에서도 교훈을 얻어야 한다. 약육 강식의 법칙이 지배하는 정글에서 작은 놈은 별 수 없이 몸이라도 빨라야 하고, 큰 놈 움직임 살펴가며 눈치라도 빨라야 하고 자기 보호 능력이 있어 쉽게 노출되지 않아야 한다. 큰 놈 횡포 앞에 침묵하며 비굴해 질 수도 있지만 개체 보존을 위해서는 자존심 같은 것도 송두리째 버릴 수밖에 없다. 어쩌면 자존심도 되찾고 발언권 가지고 살려면 특유의 생존법을 개발해야 하고 어느 틈새를 비집고라도 유리하고 안전한 생활 공간, 생활 터전을 확보해야 한다.

그렇게 생각해보면 요즘 같은 불황과 시련 속에서는 큰 놈보다 작은 놈이 오히려 적게 가진 사람이 더 잘 적응하고 생존에 유리할 것 같지 않는가.

내일을 알 수 없는 불황의 어둠 속에 타이타닉 호화 여객선이 침몰한다. 죽어도 개 헤엄은 안 친다던 특등실 양반들, 이제 다 죽었을 거라 생각했던 권세 있고 돈 많은 귀족들은 벌써 구명 보트 타고 침몰선에서 빠져 나간 지 오래다. 오히려 술잔 부딪치며 생존을 자축하며 비극적인 아비규환의 참상을 구경하고 있다.

다음 층, 그래도 말발이나 서고 어깨에 힘주고 으스대던 일등실 신사들은 구명 조끼 하나씩 끼어 입고 모두 탈출에 성공하고 있다. 이제 남은 것은 삼등실 서민들이다. 남은 것이라곤 바람 빠진 구명정 몇 개 뿐인데 그것도 서로 차지하려고 아귀다툼인 채 서너 명씩 매달렸으니 함께 죽어가기는 마찬가지다.

별 수 없이 칠흙 같은 어둠 속이라 해도 까마득히 멀리 보이는 불빛을 향해 실력에 맞서 죽을 힘을 다해 개 헤엄이라도 치는 수밖에 도리가 없다. 수영을 익힌 사람은 육지에 닿을 수 있지만 개 헤엄은커녕 팔 다리 운동도 한 번 안 해 본 사람은 불행하게도 발버둥치다 수장되어 고기 밥이 되고 만다.

이럴 때 수영을 하는 사람도 몸이 작고 가벼운 사람이 유리하다. 비록 몸은 작고 가진 것 없지만 몸놀림도 빠르고 끈질긴 집념도 있고 인내와 끈기도 있다면 그 정도 파도는 쉽게 넘을 수 있다. 문제는 무거운 사람이다. 좀 가지긴 했지만 안일과 나태에 길들여져 있고 평소에 어렵고 힘든 일 싫다 하던 사람이 비록 구명 조끼 하나 뺏어 걸쳤다 해도 무슨 재주로 팔 다리 움직여 비대한 몸뚱이를 물 위에 뜨게 할 것인가. 허우적거림도 잠시일 뿐 물먹은 맥주병처럼 가라앉고 만다.

더 이상 잃을 것 없는 최하층 서민들이 오히려 불경기의 시련을 더 잘 견디어 간다는 이야기다. 예전에도 그랬듯이 고난과 역경 속에서 내핍 생활에 익숙해 있고 적응하고 있기 때문이다.

제 2의 IMF가 닥쳐 온다고 걱정들이다. 그 때보다 더 어렵다는 비관론도 고개를 들고 있다. 불행한 사태가 다시 와서는 안 된다. 정책을 입안하고 시행하는 위정자들은 정신 차리고 민생을 보살펴야 한다. 무어라 큰소리로 외치긴 하는데 우리 서민들에게는 잠꼬대처럼 공허하기만 하다.

가난 구제는 나라도 어쩔 수 없다 했다. 나라의 하는 일만 믿고선 좀처럼 시련을 극복하고 가난 탈출에 성공 할 수 없다. 믿을 건 우리들 자신의 힘이고 능력이고 노력 뿐이다. 언제 어디서나 절약하고 저축하는 길 밖에 없고, 참고 끈기 있게 일하고 분발하는 수밖에 없다. 절약은 또 하나의 생산이고 수입이다. 저축이야말로 진정한 의미의 수입이고 재산이다.

가난이 지겨운 사람아!

궁핍이 더러워 가슴 아픈 사람아!

이를 악물고라도 가난과 싸워라. 그리고 이겨라!

가난을 탈출하는 단 하나의 방법은 부자가 되는 것이란다.

내 탓, 네 탓

"남이라는 글자에 점 하나를 지우고 님이 되어 만난 사람도…' 하는 대중가요가 있다. 점 하나의 위치에 따라 남이 님이 되기도 하고, 다시 님이 남이 되기도 하는 웃지 못할 인간사를 풍자하며 묘한 뉘앙스를 던져 준다. 나와 너도 점 하나에 따라 그 존재가 달라진다.

이렇게 점 하나에 따라 대상이나 소유 그 내용이 달라지는 두 단어는 원래 함께 있고 혼자는 있을 수 없는 필연적인 상관 관계를 나타내는 것이 아닌가 하는 생각을 해본다. 나와 너는 항상 함께 있어 함께 살아가는 가장 가까운 사이이고 내가 있어 네가 있는 것도 같은 이치일 것이다.

나 없이 너만 있을 수 없고 너 없이 나 혼자 살 수 없는 것이 인간사이고 보면 너와 나는 어쩔 수 없이 함께 도우고 대화하며 살게 운명 지워진 우리가 되는 구성원임에 틀림없다.

여기서 너와 내가 협조하고 함께 하면 멋진 조화를 이루어 평화가 오는데 의견 대립으로 싸우기 시작하면 무서운 마찰음을 내면서 적대적인 관계가 성립된다. 서로 사랑하고 도우면 더 큰 우정과 발전이 이루어지는데 싸우고 힐난하고 반목하다 보면 엉뚱한 오해와 감정이 조성되어 쌍방 모두가 피해를 입게 된다.

내 것 네 것도 따지고 보면 각자의 소유이되, 함께 소유하고 함께 사용하는 그 무엇을 말하는 게 아닌가. 내 것 네 것을 따지지 않고 나누고 베풀면 행복하고 정다운 가정, 풍요롭고 아름다운 사회가 된다. 그런데 내 것 네 것을 따지며 그 소유를 엄격히 분리할 때 많이 가지려는 욕심이 생기고 먼저 차지하려는 싸움도 생기고 세상은 엉뚱한 경쟁, 뺏고 빼앗기는 아수라장이 된다. '네 것은 내 것이고 내 것도 내 것이다' 라며 욕심쟁이 심보를 풍자하는 우스갯 소리가 우리를 웃게 하는 것도 그 때문이다.

다시 정리해보면 너와 나, 네 것 내 것 모두가 함께 있고 같이 살면서 서로 나누고 베풀어야 할 상관 관계, 보완 관계를 나타내는 말이기에 서로 협조하고 이끌어 줄 때 대립 알력 반목도 없어지고 풍요롭고 살기 좋은 가정 사회 국가가 이루어질 수 있다는 생각이다.

이렇게 같은 목표 아래 너와 내가 함께 있는 경우를 살펴보면 국가 발전과 국리 민복을 위해 함께 정치를 하는 여당과 야당, 회사 발전을 위해 함께 일하며 협조하는 경영자와 종업원, 가정의 평화를 위해 함께 노력하는 아내와 남편, 또 사랑의 결실을 위해 노력하는 두 연인 등 수많은 경우를 생각해 볼 수 있다.

아내와 남편이 가정의 평화를 위해 협조하고 노력하면 어떤 역경도 이겨 나갈 수 있다. 그런데 서로 네 탓이라고 싸우고 반목하면 그 가정은 불행하게도 파탄이 오고 생활과 자손은 큰 어려움을 겪게 된다. 나라를 위해 머리를 맞대고 협조하고 지혜를 모아야 할 여당 야당이 서로 네 탓이라 비방하고 싸움만 한대서야 나라에 무슨 발전 무슨 미래가 있을 것인가. 노사간의 투쟁도 마찬가지고 두 연인 사이의 사랑과 신의도 마찬가지다.

어느 잘못, 어떤 실패, 무슨 불행 같은 것도 따지고 보면 네 탓도 되고 내 탓도 될 수 있다. 아이의 낙방은 엄마 탓도 될 수 있고, 아빠 탓도 될 수 있다. IMF의 뼈저린 불행은 여당 탓도 되고 야당 탓도 된다. 어느 한 쪽이라도 정신 차리고 돌보고 바로 잡고 했다면 그런 실수, 그런 아픔은 겪지 않아도 되었을 것 아닌가.

어떤 경우라도 나는 잘못이 없고 너에게만 책임이 있다는 고집은 억지이고 아집이다. 정치적으로 여당 야당이 어쩔 수 없이 따져야 하는 이해 타산이 있고 반목이 있다 해도 일방적으로 네 탓만 공격하며 싸우고 헐뜯고 투쟁에만 급급한 작태가 한심스럽다.

지금도 가슴 아파 하는 것은 왜 절반의 실수와 책임을 인정하지 않느냐는 것이다. 네 탓을 탓하기 전에 내 탓도 먼저 인정하고 반성하는 것이 순리다. 내 탓을 먼저 사과하고 반성하고 새로운 결의로 새로운 모습을 보여주는 것이 올바른 처세라고 본다.

중학교 시절, 엄청난 비행을 저지른 문제아에게 네가 그런 잘못을 한 것은 내가 잘못 가르친 탓이니 내 종아리를 네가 치라 하시며 반성과 참회의 통곡을 받아내던 선생님의 모습을 지금도 생생히 기억하고 있다.

가톨릭 기도문 중에 '내 탓이요 내 탓이요 내 큰 탓이로소이다'라는 구절이 있다. 잘못이나 실수가 절대 네 탓이 아니고 모름지기 자기의 잘못임을 인정하고 참회해서 다시는 되풀이 하지 않도록 결심하는 내용이다. 내 탓을 먼저 인정하고 내가 먼저 반성하고 결심을 새로이 할 때 바람직한 동반자 관계가 유지되고 합당한 예우도 받게 되는 것 아닌가. 그렇게 하는 것이 선진 문화 국민의 양심을 높이는 길이고 바른 국민성을 함양하는 길이고 대립하고 갈등하는 쌍방의 신뢰와 협조의 물꼬를 트는 일이라 생각한다.

역지사지(易地思之)라는 말이 있다. 처지를 바꾸어 입장을 바꾸어 생각해 보라는 말이다. 여당은 야당 입장에서 생각하고 야당은 여당 입장에서 생각하면 서로 양보도 가능하고 화해, 협조, 타협도 쉽게 이루어져 진정 애국하고 화합하는 국회상을 보여줄 수 있지 않을까. 노사가 서로 입장과 처지를 바꾸어 생각하고 이해하면 노사 분규나 쟁의, 파업 같은 것은 있지도 않을 것이며 노사화합이 이루어져 구조 조정도 무리 없이 순리적으로 이루어지지 않을까.

가정에 있어서도 아내는 직장 생활의 과로와 스트레스로 고생하는 남편을 생각하고 남편은 빠듯한 봉급으로 생활을 꾸려가는 아내의 희생과 헌신을 생각한다면 절약하고 이해하고 사랑하는 마음이 두터워져 더 열심히 더 알뜰하게 살아가게 되는 것 아닌가.

사람은 홀로 살 수 없다. 손 마주 잡고 인정을 나누며 함께 살아야 한다. 높고 낮음도 없고 많고 적음도 없는 평등하게 서로 믿고 도우며 살아가는 사회가 복지 사회다. 그러나 어차피 우리 사회는 경쟁 사회이기 때문에 상하도 있고 빈부 귀천도 있고, 노사도 있고 도시와 농촌도 있고 여당 야당도 있어 끝없는 투쟁과 술수의 경연장이 되고 있다.

너 때문에 내가 못 산다는 건 말도 안 된다. 내가 못 가진 것은 오직 내 탓이다. 내가 뛰어나지 못하고 못나 자랑하지 못하는 것도 내 탓일 뿐이다. 내가 많이 배우지 못하고 어려운 생활 하는 것도 내 탓이고 내 운명이다. 이렇게 모든 부족과 실수와 고통의 원인을 내 탓으로 돌리고 무엇인가 반성하고 결의를 새로이 할 때, 새로운 세상이 열려 새 출발도 가능하고 새로운 설계도 가능한 것일 게다.

내 인생은 나의 것.

내 인생은 나의 탓.

국해의원(國害議員)

김지하의 오적(五賊)을 읽는다. 가슴이 답답하고 혼돈스러울 때 세상이 더러워 역겨워질 때 울분을 토하고 마음을 카타르시스 하기 위해 이 담시를 읽는다. 긴장도 풀고 상쾌한 기분으로의 전환을 위해 차가운 냉수 한 그릇이나 동치미 국 마시던 그 청량감, 시원한 기분은 마셔본 사람만이 알 것이다.

오적을 읽으면 울적하고 답답하던 마음이 펑 하며 뚫리고 맑고 밝은 기운이 육신에 스며들면서 상쾌하고 통쾌한 기분에 고함이라도 지르고 싶어진다.

재벌, 국회의원, 고급 공무원, 장성, 장·차관 등 다섯 명의 도적은 우리 국민을 등쳐 먹는 도둑이라는 내용이다. 우리 국민을 속이고 국민의 재산, 국민의 호주머니를 털고 훔쳐 넣고, 받아 넣고, 챙겨 넣고, 숨겨 놓고, 그것도 모자라 갈라 먹고, 쏟아 붓고, 낭비하고, 물 쓰 듯 해서 나라 살림을 망치게 하면서 자기 배만 채우려 한다. 나라와 민족을 위한다는 헛 구호를 자랑스레 외치면서 위장하고 연기하고 미소 짓지만 등 뒤로는 부정 부패, 이권 개입, 정경 유착, 착복 착취 등 자신들의 안일과 호강을 위해 무슨 짓이라도 못하는 게 없다.

1970년 5월초 사상계에 발표 되었으니 벌써 37년 세월이 흘러 세상이 변하고 여건이 달라진 것도 안다. 대다수의 재벌들, 국가 경제 발전에 매진하며 외화 획득, 수출 보국을 위해 진력하며 크게 공헌하고 있음을 알고 있다. 따지고 보면 국회의원들은 우리들이 뽑은 일꾼이다. 그에 걸맞게 노심초사, 국리 민복을 위해 고민하고 공부하며 의정 활동 입법 활동에 불철주야 고생하고 있는 것도 모르는 바 아니다. 고급 공무원들은 오랜 공직 생활의 경험을 살려 정책을 펴고 시행해서 다스리고 보살피며 봉사하고 헌신하고 있음을 잘 알고 있다. 육해공군 장성들은 목숨을 걸고 국토 방위를 위해 훈련과 작전에 충실히 임하고 있음을 의심치 않는다.

장 · 차관 나리들도 국사를 의논함에 있어 어떤 경우에도 나라와 민족의 번영과 발전을 먼저 생각하며 경제 난국 돌파에 전력을 다하고 있는 것으로 알고 있다. 그러나 그 때 김지하는 당당히 말했다. '산이 있으니까 오르 듯이 오적이 있으니까 오적을 썼다' 라고.

그런데 37년이 지난 지금, 현재 이 순간에 우리 나라 우리 주위에 오적은 없는가. 없기를 바라는 국민의 열망은 하늘 같지만 불행하게도 국민보다는 자신을, 국가보다는 개인의 이익을 챙기기 위해 부정 부패 불법 비리와 야합을 일삼는 재벌, 국회의원, 고급 공무원, 장성, 장 · 차관 그 외에도 존경 받으며 군림하는 도둑님들은 모든 영역에 걸쳐 부지기수로 없는 곳이 없는 것 같다.

그래서 국민은 분노하고 질타하며 아우성이지만 뻔뻔스럽고 가증스런 그들의 언행은 배신감, 모멸감만 더해주고 우리들 가슴에 더 아픈 분노와 상처만 남겨 준다.

모두들 바로 잡고 바로 서게 해서 바른 일 하도록 해야 한다고 야단들인데 그 때나 지금이나 개혁 대상 일호는 국회의원이다. 여야로 갈라져 밤낮 지지고 볶고 싸우는데 욕설과 육탄전도 프로급이다. 게다가 어느 누구 하나 내 탓이라 반성하는 사람 없고 한결같이 네 탓이라면서 삿대질에 목소리만 커지고 있다.

그것도 전부 애국 때문이라니 그 허울 좋은 애국 때문에 이 나라 이 백성이 이토록 고통과 고난 속에 허덕이고 있지 않는가. 안정 의석을 위해 대권을 위해 별의 별 논리로 자기 잘난 것만 내세우며 면책 특권이 어떻고 하면서 정권 재창출을 위해 다음 선거를 위해 민의를 저버리는 것 정도는 식은 죽 먹기다. 정치가는 없고 정치꾼, 패거리만 있고 애국은 어디 가고 개인의 욕심만 남았는가 말이다.

이런 부류의 국회의원이 몇 명이나 되는 지 보는 사람의 관점에 따라 차이야 나겠지만 있는 것만은 사실이다. 이는 틀림없이 나라의 해로운 인물이고 유권자의 민의를 무시하고 거역하는 행위이기 때문에 이들은 국해의원(國害議員)이라 불러야 마땅하다 할 것이다. 또 국해의원이라 이름 했으면 이들을 불러들여 파직을 하든지 물고를 내야 하는데 한결같이 애국 때문이라 내세우며 강변하니 또한 쉬운 일은 아닐 것이다.

그럼 어떻게 해야 할까. 비행 학생 회초리로 치 듯이 부득이 매로라도 다스려야 하는 것 아닌가. '국해의원 추방국민본부' 같은 애국 시민단체 주도의 기구가 필요하지 않는가. 정말 나라 사랑하는 사람들만 모이면 가능하지 않을까. 국해의원 범위에는 역시 부정 부패 말썽이 끊이지 않는 지방 의회 의원들도 마땅히 포함시켜야 한다.

국해의원에 해당하는 범죄나 비행을 심사해서 공포하고 자진 사퇴를 요구하면 어떨까. 듣지 않고 응하지 않으면 그 죄과를 끊임없이 물으면서 국회 정문 또는 지방의회 정문 앞에서 회초리 치기를 강행해야 한다.

열화 같은 국민의 지지가 있게 되고 틀림없이 나와서 회초리 맞고 반성하고 사과하고 새로운 결심을 하게 된다. 그래도 회초리를 거부하고 안하무인격으로 행동한다면 사태는 더욱 점입가경이 된다. 응징하고 압박하는 방법은 생각 여하에 따라 무궁무진하기 때문이다.

어떤 논리 어떤 궤변으로 빠져나가려 해도 국민의 심판을 피할 수는 없다. 왜냐하면 틀림없이 '내 탓이요' 하면서 회초리를 자청하는 선량하고 애국적인 우등 국회의원이 줄줄이 나타나기 때문이다. 결국 안 맞으려는 국해의원과 회초리를 자청하는 국회의원 두 그룹으로 나뉘어져 과연 어느 쪽이 양심적이고 애국적인가를 스스로 나타내고 증명해 주게 된다. 그 놈의 국해의원들, 돌덩어리 심장을 가졌다 해도 견디어내지 못하고 회초리 맞고 자진 사퇴하게 된다.

세상이 달라지고 엄청난 의식의 변화가 온다. 부정 부패도 사라진다. 존경받는 도둑님들, 돈만 아는 죽일 님들, 군림하는 못된 님들도 차츰 없어진다. 착하고 능력 있는 인물을 뽑자는 선거 혁명도 저절로 이루어진다. 어떤 사람이 참 머슴인 지 금방 알게 된다. 화합하고 협조해서 애국하는 분위기도 자연스럽게 조성된다.

얼마나 신나는 일인가. 얼마나 즐거운 일인가. 이 땅에 다시는 국해의원 없어지고 누구든 상관 않고 받아 넣고 삼키면 그만이던

억대 떡 값 정치자금 수 천억 원 같은 이야기는 저절로 사라지고 만다. 뿐만 아니라 국해 재벌, 국해 고급 공무원, 국해 장성, 국해 장 · 차관, 그리고 모든 영역에서 존경 받으며 돈 밝히며 군림하던 국해 도둑님들 모두 사라지게 된다. 이래야 진짜 대한민국 만세 소리가 울려 퍼진다.

우리 나라가 좋은 나라가 된다. 거지에게도 희망 있는 나라가 된다. 세계가 놀라며 원더풀 코리아에 박수를 보내고 우리는 비로소 문화 국민, 존경받는 국민이 된다. 좋은 나라 만드는 길, 이보다 쉬운 일이 어디 있나. 대통령도 못 하고 높은 자리 어른들 아무도 못하는 일을 어쩌면 우리 마음씨 고운 국민들이 쉽게 이룰 수도 있지 않을까.

바보 같은 꿈만 꾸는 정말 바보의 백일몽은 역시 망상이고 헛꿈일까. 그러나 백일몽이든 망상이든 그 발상 그 생각 자체만으로도 즐겁지 않은가. 발상 자체만으로도 잠시 동안 가슴 후련해지지 않았나.

김수한 추기경님, 회초리를 들어 주십시오.

법정 스님, 엄하게 꾸짖어 주십시오.

국민들은 그 날을 기다리고 있습니다.

꾸짖고 회초리로 쳐 주셔야 합니다.

우리 나라 좋은 나라

새 나라의 어린이는 일찍 일어납니다.
잠꾸러기 없는 나라 우리 나라 좋은 나라.

새 나라의 어린이는 거짓말을 안 합니다.
욕심쟁이 없는 나라 우리 나라 좋은 나라.

60여 년 전 까마득한 어린 시절 그 때 엄마 아빠 앞에서 재롱부리며 손뼉치고 부르던 노래가 지금도 기억난다. 잠꾸러기 없이 부지런한 어린이들, 욕심쟁이 없이 참말만 하는 어린이들, 얼마나 살기 좋은 나라일까. 모든 국민들이 부지런하고 욕심 없이 산다면 얼마나 살기 좋은 나라가 될까.

흔히 무궁화 삼천리 금수강산, 반만년 유구한 역사, 빛나는 문화와 전통, 자랑할 충효와 인심, 눈부신 경제 발전, 서울 올림픽과 월드컵의 성공적인 개최 등 우리가 살기 좋은 나라임을 자랑하는 내용들은 너무 많다.

사계절이 뚜렷한 아름다운 자연에 면면히 이어온 오랜 역사 속에 수많은 외침도 막아내고 지켜온 우리 강토, 시련도 이기고 고난도 극복해서 세계 10위의 경제 대국으로 눈부신 발전을 이룩해

온 것이 모두가 성실과 단결로 이루어 낸 국민의 저력이다 생각하니 우린 정녕 위대한 민족이고 살기 좋은 나라에 살고 있음이 틀림없다.

그러나 IMF의 뼈저린 고통도 완전히 극복하고 이제는 희망의 새봄을 맞아 다시 한 번 도약해야 한다는 슬로건은 거창하지만 시장 바닥의 싸늘한 경기나 냉정한 눈길들은 차갑기만 한 체감 온도를 말해 주고 있다. 그늘지고 어두운 곳에서는 신음 소리 울음 소리도 들려 오고 있다.

도시의 번화가와 가진 자들이 모이는 환락가에는 고도 성장의 흥청대는 분위기가 춤과 노래로 광란이다. 그런데 달동네 뒷골목의 저녁 끼니 걱정이나 서울역 지하도의 노숙자들의 가슴 아픈 사연들은 한숨이고 눈물일 뿐이다. 가난 구제는 나라도 어쩔 수 없다 하지만 그래도 갈수록 심화되는 빈부 격차 때문에 계층간의 갈등은 증폭되고 있다.

너도 나도 죽기 아니면 살기로 돈벌이에만 눈이 어두워, 가진 놈이 최고라는 황금만능 사상이 판을 친다. 그래도 최소한 지켜야 하고 안고 가야 할 우리들의 공동 선(善)인 사랑, 인정, 우정, 도덕, 윤리 같은 것이 맥없이 무너져 내리고 짓밟혀 버리는 세태가 안타까울 뿐이다.

가슴이 따뜻하고 착한 백성들은 그래도 믿고 사랑하고 도우며 좋은 나라 만들기 위해 힘쓰고 있지만 오늘날의 동떨어진 현실과 작태가 너무나 우리를 화나게 하고 있다.

부도와 파산의 늪에서 빠져나오지 못하는 경제는 점점 어려워지고 인간성의 본질이 되는 도덕이나 윤리는 썩을대로 썩어 나라

꼴이 말씀이 아니다. 그런데도 누구 하나 뉘우치는 사람 없고, 책임지는 사람 없이 모두가 잘 했다고 큰소리만 치고 있으니 어제의 교훈도 필요 없고 부정 부패의 관행은 지금도 계속되고 있다.

윗물이 썩었으니 아랫물이 어찌 맑을 수 있을까. 높고 낮음이 무엇이기에 헐뜯고 아귀 다툼인가. 많고 적음이 무엇이기에 속이고 빼앗고 거짓말을 하는가. 자리에 있을 때 챙겨 넣고, 받아 먹고 야합하고 억대 떡 값 돈 선거가 판을 쳐도 모두 모른다 하고 나는 아니라 큰 소리 친다. 그 더러운 위선과 탐욕을 어찌 다스려야 할 지 모르겠다. 백화점 무너져 몰죽음 하더니, 큰 다리도 무너져 국제 망신 하더니, 벌써 잊어버렸는 지 불안해서 어이 살며 의심스러워 어찌 살아야 할 것인가.

오늘도 모함과 시비와 싸움질은 계속 되고 거짓과 속임과 유착의 암거래는 이루어지고 있다. 그런데도 가슴 아파하는 님들은 어디가고 목소리 큰 놈만 큰소리 치고, 주머니 큰 놈들만 활개를 친다. 회초리 치는 스승은 어디 가고 나약한 선생들만 눈치 보는 현실이 가슴 아프다.

남이야 죽건 말건 제 욕심만 채우려 발버둥치는 암담한 세태에 위기와 혼란은 나라를 어지럽게 하는데 착하고 어진 백성들 어디로 가야 하나, 누구를 믿어야 하나. 양심도 버리고 도덕도 버리고 어떻게 살아야 하나.

좋은 나라, 살기 좋은 나라를 만들기 위해서는 기만과 위선, 아집과 독선으로 분장한 위정자들을 질타해야 한다. 향락 문화에 젖어 사는 기성 세대와 젊은이들에게 각성을 호소하며 스승들, 어른들은 목소리를 높여 회초리를 들어야 한다.

가진 자들의 방종과 오만, 황금 만능주의의 병폐와 허상을 설파하며, 선하고 착한 인간성의 부활을 역설할 외침과 철학도 있어야 한다. 그리고 착하게 살려고 인간답게 살려고 아픔과 불이익을 감수하고 있는 모든 사람들에게 꿈과 희망을 줄 수 있는 격려와 박수도 있어야 한다.

모두가 잘 살면 좋고 함께 잘 살면 좋지만 그것은 꿈 같은 이상향에서나 가능한 일이다. 자본주의 사회에서는 기회 포착과 자기 능력 개발, 자본과 그에 따른 이익 창출 때문에 거대한 부의 탄생이 필연적이라 하지만 그래도 이익의 사회 환원과 복지 혜택이 정책적으로 이루어져야 풍요로운 복지 사회가 앞당겨지게 된다.

가진 자는 좀 나누고 베풀면 된다. 못 가진 자는 좀 더 성실하고 좀 더 부지런해야 된다. 한데 어울려 인정이 샘솟는 사회를 만들어야 한다. 함께 어울려 소주도 마시고 담소하고 우정을 나눌 수 있어야 한다. 가졌다고 골프장에만 있고 룸싸롱에만 있어서는 안 된다. 가진 자부터 마음을 열고 따뜻한 인사, 겸손한 대화, 포근한 미소를 나눌 수 있어야 한다.

그러면 벽도 허물어지고 가진 자들은 자연히 존경 받게 되고 못 가진 자들도 차별 받지 않고 인정 받고 예우 받는 좋은 사회가 이루어진다. 거추장스럽게 애국이니 애족이니 어려운 것 말고 쉬운 것부터 하자.

거짓말을 하지 말고 진실을 말하자.

싸우지 말고 서로 친구가 되자.

혼자 욕심 내지 말고 베풀고 돕자.

남을 욕하지 말고 칭찬하자.

질서를 지키고 환경을 보호하자.

잠시, 우리 모두 어린이가 되어 우리들의 손자 손녀들처럼 천진난만한 동심의 세계로 돌아가자. 아이들이 생각하고 말하고 행동하는 그대로 따르기만 해도 우리 나라는 살기 좋은 나라가 된다. 어린이들처럼 고운 마음 착한 마음만 가져도 좋은 나라가 된다. 천사처럼 착한 백성들만 사는 나라, 과연 이룰 수 없는 꿈인가.

우리 나라 어른들은 거짓말을 안 합니다.
서로 돕고 사는 나라 우리 나라 좋은 나라.

우리 나라 어른들은 싸우기를 안 합니다.
욕심쟁이 없는 나라 우리 나라 좋은 나라.

우리 어른들도 열심히 이런 동요를 부르자.

고운 마음 바른 양심

하늘 나라 하느님께서 세상에서 가장 아름다운 것 세 가지를 보고 싶다 하셨다. 지구상의 관리, 학자들이 모여 의논 끝에 제일 아름답고 고운 것으로 어머니의 마음, 아이들의 웃음, 꽃의 아름다움 등 세 가지를 선택해서 하늘 나라로 보냈겠다.

그런데 하늘 나라에 도착하고 보니 꽃은 이미 시들어 버렸고 어린아이는 소년이 되어 천진난만한 웃음도 사라졌고 오직 어머니의 마음만은 비록 육신은 늙었지만 곱고 아름다운 모습 그대로였다 한다.

그래서 세상에서 제일 아름답고 값지고 변함없는 것은 자식을 생각하는 어머니의 마음이라 한다. 젊은 시절 읽었던 김형석 교수의 어느 글 중의 내용이다.

여기서 이야기 하고 싶은 것은 고운 마음, 바른 양심이다. 어머니의 사랑이나 아이들의 웃음, 꽃들의 아름다운 모습도 따지고 보면 공통적으로 지니고 있는 의미는 고운 마음, 바른 양심이다.

어머니의 자식을 위한 사랑과 희생은 곧 고운 마음, 바른 양심에서 연유되고 있다. 바라는 것은 오직 고운 마음으로 착하게 자라고 생활하게 기도하는 것이며, 바른 양심 깨끗한 영혼으로 죄짓지 않고 부끄럼 없이 살기를 소망하며, 깨우쳐 주고 이끌어 주려는 것이 부모의 한결같은 사랑이고 모정이다.

어린이, 청소년들의 맑고 티없는 웃음도 고운 마음, 바른 양심에서 생성되고 가능해지는 것이다. 그들이 착하고 순진하게 자라면서 말하고 생각하고 행동함에 있어 해맑게 웃을 수 있는 것은 탐욕과 죄악에 물들지 않고, 기본적으로 착한 인간성을 지니고 있기 때문이다.

그러고 보면 어머니나 아이들 다함께 한결같이 고운 마음이나 바른 양심을 공통적으로 공유하고 있다. 이로 인해 우리 인간 사회가 훨씬 아름답고 살기 좋은 세계로 느껴지고 있는 것일 게다.

어머니가 착한데 그 아이 마음이 착하지 않을 수 있나. 어머니가 올바른데 어느 아이가 악동이 될까. 당연히 착한 어머니와 고운 아이의 관계를 지상 최고의 아름다운 모습, 인연으로 정의하는데 이의가 있을 수 없다.

고운 마음, 바른 양심은 우리들 인간에게 가장 값지고 아름다운 미덕임에 틀림없다. 우리 사회가 이만큼 살기 좋고 풍요로운 곳으로 발전해 온 것도 고운 마음과 바른 양심에서 연유하기에 가능해진다.

세상의 모든 공동 선, 정의, 평화, 행복, 인권 같은 것도 고운 마음이나 바른 양심에서 가능해진다. 공동 목표인 건강, 사랑, 행복, 성공 같은 것도 그 기초가 없이는 모두가 물거품이 되고 허구가 됨을 우리는 알고 있다. 고운 마음, 바른 양심은 우리들 인간 생활의 모든 분야, 즉 교육 복지 정책 생활 사업 등 모든 분야에서 기본이 되고 기초가 되고 시작이 됨을 부인할 수 없다.

그러나 지금 우리는 어려운 세상을 살면서 놀라운 변화를 느끼고 있다. 세상사 모든 것이 부정과 탐욕에 물들어 술수와 기만의 악순환이 이어지고 있으니 말이다. 어머니의 아름답던 마음도 세파에 찌들면서 검게 변색되고 있고, 아이들의 웃음도 세상 물정에 눈뜨면서 속고 속이는 기만과 유혹에 허우적거리더니 순수하고 사랑스럽던 그 웃음도 사라져 가고 있는 것이다. 그 가슴 아픈 현실로 우리가 매일 보고 듣고 느끼는 것이 비행이고 범죄이고 폭력이고 탈법이고 배신 아니던가.

그래도 우리 사회가 이 만큼 유지 발전하고 있는 것은 고운 마음, 바른 양심을 가진 사람들이 일신의 고통과 경제적인 손실을 감수하면서 그 아름다운 뜻을 꺾지 않고, 열심히 봉사하고 희생하며 살아왔기 때문이다.

고운 마음, 바른 양심으로 살면 행복도 저절로 오고 화합도 저절로 된다. 빈부격차, 지역감정, 노사분규, 공중도덕, 교통질서 등 모든 분야에서 즐겁고 명랑한 생활과 유대가 이루어짐을 알 수 있다.

따라서 국가의 교육이나 정책에서 당연히 우선 순위로 고려해야 할 사항은 청소년은 물론 국민 모두가 고운 마음, 바른 양심의 소유자가 되고 준법 정신이 투철한 애국 시민이 되어 이웃과 함께 어울려 생활하는 모습을 담아야 한다.

교육의 내용이나 정책 결정의 방향이 이러함에도 불구하고 오늘날 이루어지는 시책들이 경쟁심, 이기주의 같은 것만 부채질하면서 서서히 부정과 탈법의 소용돌이 속으로 몰아 넣고 있는 것 같아 가슴이 아프다.

더러운 마음으로나 비뚤어진 양심으로라도 먼저 많이 차지하면 되고 나 먼저 올라가야 하는 세상이 되면서 고운 마음, 바른 양심이 끝도 없이 손해 본다는 피해 의식이 저절로 고개를 든다. 도덕 윤리가 사라졌다 탄식하는 원로들의 말씀을 귀 기울여 듣고 명랑 복지 사회를 이루기 위해 지금부터라도 신문 방송 출판 등 모든 분야에서 고운 마음, 바른 양심을 내용으로 한 캠페인을 연중 벌여야 한다.

젊음의 발산도 좋고 오락이나 연예의 발랄함도 좋지만 기본적인 내용이나 자세가 곧고 바르지 못하면 자칫 퇴폐적이 되고 허영과 불륜으로 흘러가기 쉽다. 세상사 모든 인간 생활의 기본은 고운 마음, 바른 양심이다. 고운 마음, 바른 양심 국민 운동을 추구하는 애국 단체는 왜 없는가.

잘 사는 나라의 기본이 되고 근본이 되고 기초가 되는 고운 마음, 바른 양심은 알지도 못하는 지 엉뚱하게 어려운 애국만 외치고들 있는가. 새마을 운동 본부는 지금 어디 있는가. 이제는 소임을 마치고 휴식에 들었는가.

나는 박정희 대통령이 농촌 부흥 운동으로 제창한 새마을 운동의 공헌과 업적을 누구 못지 않게 높게 보는 사람이다. 새마을 운동을 새마음 운동으로 명칭을 바꾸고 고운 마음, 바른 양심을 새로운 구호로 삼아 대국민 정신 부흥운동으로 하면 얼마나 좋을까 하는 생각을 지금도 버리지 못하고 있다.

우리 사회를 복되게 하는 질서, 친절, 우정, 화합, 미소, 사랑 등 모든 기쁨과 즐거움도 고운 마음, 바른 양심의 기초 위에서 자발적인 참여로 아름답게 꽃필 수 있다고 확신한다. 그리고 어느 누구에게 뒤지지 않도록 나 하나만이라도 아니 나의 아이들과 또 그 아이들에게만은 고운 마음과 바른 양심으로 착하게 살아야겠다는 다짐을 하고 싶다.

고운 마음 바른 양심!

인간이 지녀야 할 아름다운 덕목이다.

착하고 올바르게!

그렇게 사는 것이 인간이다.

| 후 기 |

내 나이 일흔에

내 나이 일흔.

그 새해 첫 아침은 거제 바닷가에서 불덩이로 솟는 해를 가슴에 안았다. 아내와 두 손 마주잡고 새해 소망을 기원했다.

"우리 가족과 내가 아는 모든 사람들, 건강하게 하소서!"

"욕심 같은 거 버리고 즐거운 마음으로 살게 하소서!"

"고운 마음, 바른 양심으로 열심히 살게 하소서!"

절대 '부자 되게' 라고는 빌지 않았다.

이제 나도 등 긁어 줄 사람 없어 함께 산다는 일흔 줄, 죽은 척 엎드려 잔다는 70줄에 접어 든다. 물 같은 세월, 바람처럼 흘러 버린 인생이 허무할 뿐이다.

한 살이 많아졌지만 실제로 일년이 줄어 들었다는 사실이 새삼 가슴을 아프게 한다. 인생 황혼 해는 서산에 걸렸는데 삼백 예순 다섯 날이 순식간에 흘러버렸다는 것이 엄청난 충격이다.

하루 하루가 지나면서 종착역이 다가오고 있다는 사실, 그 숙명적인 생로병사의 비극이 너무 가슴 아프지 않는가. 값지게 살아야 하는 이유가 여기에 있다. 착하게 살아야하는 이유, 남겨진 회한 없이 열심히 살아야 하는 인간으로서의 본분과 책무도 여기에 있다. 그래서 더 초조해지고 절박해지는 것이 우리 노인들의 생활 아닌가. 새삼스레 남겨진 시간이 너무나 소중하다는 결론에 이른다. 낭비하고 허송 세월할 시간이 있을 리 없다.

내 나이 일흔에 퇴직을 했다. 어르신 실업자가 된 것이다. 40년 월급쟁이 생활에 시원 섭섭한 마침표를 찍었다. 사오정도 있고 오륙도도 있다는데 칠십 퇴직은 축복이라고들 하지만 나는 동의 할 수가 없다. 아직은 일할 수 있고 결코 노인이고 싶지 않기 때문이다. 결코 늙은이로 예우 받기도 싫고 아직은 가슴 뛰는 이 열정을 어찌 주체해야 할 지 슬그머니 걱정도 생긴다.

아침에 눈을 뜨니 갈 곳이 없다. 어떤 의무나 속박도 없다.

"아버지 이제는 푹 쉬십시오. 아무 염려 말고 건강이나 돌보시면 됩니다."

착한 아이들의 위로가 고맙기는 하다. 못다 한 일, 해 보고 싶고 가 보고 싶은 곳의 유혹도 많은 데 구명정의 바람은 자꾸만 빠져가고 있다. 그렇다고 체념하고 잠꾸러기처럼 편하게 누워만 있어 될 것인가.

한비야의 〈지도 밖으로 행군하라〉와 유경의 〈행복한 노년을 위한 인생 노트- 마흔에서 아흔까지〉를 읽었다. 내 영혼은 맛있는 먹거리를 얻은 듯 가슴이 후련하다.

새로운 생활 리듬의 확립을 위해 매일 하루도 빠짐없이 새벽 한 시간의 뒷산 배드민턴 치기와 오후 두세 시간 정도 남강 둔치를 걷거나 석갑산 숙호산 숲 속을 걸었다. 콧노래가 저절로 나오고 활력이 샘솟 듯 한다면 아직은 건강하고 어떤 스트레스도 없는 것 아닌가.

이제 곧 어둠이 닥치고 몸과 마음이 늙어 아픔도 있을 것이고 이별이나 가슴 아픈 좌절도 있을 것이다. 그 동안 나는 무엇을 했나 무엇을 이루었나, 많은 생각을 해 보았지만 내 인생 대차대조표의 내용은 역시 초라하고 남루할 뿐 자랑하고 내세울 것 없는 적자 투성이 아닌가.

직업에는 귀천이 없다지만 세상 살아가는 모습에는 분명 천한 일을 하는 사람들이 얼마든지 있다. 초라하고 창백하고 남루한 모습이었지만 그래도 굽히지 않고 꿈 하나 희망 하나 지니고 끈기와 성실로 앞만 보고 살아왔으니 조금은 떳떳하고 당당하지 않는가.

이제 실없는 추억이나 때늦은 후회 같은 것 모두 버리자. 모두 잊고 털고 가자. 앞으로는 내일을 이야기하고 제 2의 출발 새로운 인생을 이야기하자.

내 인생 일흔에 인생 대학을 졸업했다. 졸업은 끝이 아닌 새 출발이다. 지루하고 따분한 일상과 타성으로부터의 새로운 시작일 수 있다. 그리고 기회이고 도약일 수도 있다. 이대로 끝낼 순 없다. 못다한 꿈과 이상이 있기에 멍하니 앉아 허송 세월 하기는 싫다. 노인정에 앉아 점 백 고스톱으로 시간 죽이기는 절대 안 한다. 소주 몇 잔의 비틀거림도 싫고 얼씨구 절씨구 흔들거림도 싫다.

맑은 마음, 밝은 모습으로 산으로 가고 숲으로 갈 것이다. 책도 읽고 글도 쓸 것이다. 책만 읽고 살았으면 하는 것이 내 젊은 날의 소원 아니었나. 일하는 기쁨이나 도전하는 사람들의 아름다움도 알지만 새삼 무슨 욕심 더 있어 더 얻으려 할 것인가.

노년의 추한 모습 더 이상 세속에 얽매이지 않고 지폐 몇 장에 굽신거리지 않으려 한다. 헛된 욕망, 호의 호식 다 절연한 채 가진 그대로 내 형편 그대로 청빈락도 그 님처럼 그 어른처럼 그렇게 살고 싶다. 동구의 한 그루 노목처럼 의연하고 담담하게 사람다운 노인으로 살고 싶다.

옳지, 그 많은 시간 무엇이라도 배우자. 공부를 하자. 토플 시험도 좋고 글짓기 교실도 있지 않던가. 조금 준비해서 대학입시에 한 번 도전해 볼까.

그래 우선 컴퓨터, 과학 문명의 총아 컴퓨터를 배우자. 그래서 컴맹을 면하려고 달려간 곳이 연암공업대학 평생교육원의 인터넷 남강회 교육장이었다. 퇴직 오일만에 학생이 된 것이다.

괴물 같이 보이던 컴퓨터가 이제는 친구가 되어 뉴스 듣고 노래 듣고 이메일 편지 읽기에 너무 재미있다. 인터넷이 있으니 신문, TV가 점점 멀어진다. 조금 더 배우면 원고도 쉽게 쓸 것이고 동영상에 홈페이지도 만들 것이다. 피카시에 스위시맥스도 배운다니 아이들이 놀라워한다. 광대 무변 무궁 무진 변화 무쌍 흥미 진진 신속 정확에다 만물 박사의 능력까지 가진 또 하나의 우주 또 다른 세계와 만난다는 것이 얼마나 즐겁고 가슴 벅찬 일인가. 디지털 정보의 바다에서 자유롭게 헤엄칠 수 있는 그 날을 생각만 해도 신나는 일 아닌가.

새로운 지식의 습득, 흥미로운 세계와의 만남을 통해 세계인 모두가 옆자리의 친구가 된다니 재미있고 신바람 나는 시간들이다. 내 인생 후회하고 절망하고 주저 앉을 시간이 어디 있담. 어쩌면 스물 네 시간도 절약해서 아껴야 할만큼 바쁘지 않을까. 책가방 들고 학교 가는 할아버지 학생의 뿌듯한 행복을 외치면서 소외되고 갈 곳 없는 실버들에게 동참을 권유하고 싶다.

내 인생 일흔에 비로소 주인이 되었다. 월급 봉투 하나 믿고 널푼수 없이 살아왔으니 스스로 무슨 꿈 하나도 이루지 못하였다. 순박한 데다 우직하기까지 했으니 성공하지 못한 것은 당연하다. 그래도 이만한 것만 해도 잘 산 것이라 자위도 해보지만 유명한 목수가 자기 집 짓는 거 봤냐면서 이제는 한물간 사람이라고 폄하하는 사람도 있더라고 들었다. 생각하고 말하고 행동하는 것 모두가 주관적이지 못하고 항상 지시에 따라야 하고 모든 것이 어른 먼저 다음이고 큰 몫 다음이었으니 말이다.

자신의 목소리로 외치지 못한 것도 자신의 역량으로 자신의 집 하나 짓지 못한 것도 준비하지 못하고 뛰어나지 못한 내 탓이고 용기 없고 능력 없어 이루지 못 한 것인데 후회 같은 거 회한 같은 것 가져 무엇 할 것인가.

이제는 새로운 나, 스스로 달라진 나의 모습, 내 자리를 찾아야지. 내 인생은 나의 것, 내 마음 내 뜻대로 살면서 나의 꿈, 나의 생각을 펼치며, 내 목소리 내 몸짓으로 살아야지. 적어도 무능하고 힘 없는 아버지로 보이지 않도록 열심히 살아야지. 쓰러져 누워 짐이 되는 노후는 절대 아니어야지. 잔소리로 귀찮게 구는 할아버지는 되기 싫고 불쌍하고 누추한 동네 영감은 아니 되리라.

앞으로 교양과 품위에다 지성도 갖춘 노인으로 살고 싶다. 무엇이라도 세상에 모범이 되고 귀감이 되는 그런 인생이고 싶다. 기회가 되면 무엇인가 봉사하는 기쁨도 가질 수 있는 시간이 있으리라 고대하고 있다. 내 나이 여든쯤에는 조금은 존경 받는 깔끔하고 아름다운 그런 원로이고 싶다.

내 평생 일흔에 처음으로 여유를 가져본다. 바쁠 것도 없고 달려갈 곳도 없다. 얽매인 곳 없고 욕심이 없으니 천천히 생각하면 된다. 큰 소리로 외칠 일도 없다. 옳고 그름, 좋고 나쁜 것 그 때마다 판단해서 움직이면 된다. 어쩌면 버려야 할 가난의 유물 같고 어쩌면 내 인생의 생활 지표처럼 각인되어 온 고리타분하고 진취적이지 못하다는 고운 마음이나 바른 양심 같은 것, 이제는 버려야 하지 않을까 하고 스스로 물어보곤 한다.

그러나 밤새워 생각을 해도 우리 인간의 본성은 착하고 아름다운 걸 어쩌겠나. 더 욕심 내고 싸워보았자 조금 여유롭고 호화스러울 지 몰라도 더 기쁘고 더 즐겁 지는 않을 것 아닌가. 별 수 없이 가난했지만 즐거웠고 떳떳하고 부끄럽지 않는 내 인생, 살아온 대로 또 한 번 바보스러울 지 모르는 끈기와 우직스러운 자세로 살아가야 하겠다.

고운 마음, 바른 양심이 칠십 평생을 살면서 나의 인생을 지켜주고 웃게 해준 인간으로서의 본분이고 지표였음을 깨닫게 한다. 끝까지 지켜가야 할 목표이고 철학임을 알게 된다. 마음은 명경지수 잔잔한 호수처럼 흔들리지 않는다. 세상에 무엇 하나 자랑할 게 없는데 왜 몸과 마음은 이리 즐거운 것일까. 욕심을 버려서이겠지. 건강하기 때문이겠지. 아들, 딸들 앞에 부끄러워 할 게 없다면 열심히 살았고 값지게 산 인생 아닌가.

더러 바보스럽게 측은하다는 주위의 시선을 느낄 때도 있다. 주위를 둘러보면 모두들 잘난 맛에 살고 큰 소리로 외치며 달려들고 있다. 치열한 생존 경쟁, 이기지 못하면 밟혀 살아야 하고 묻혀 살아야 하는 인생 극장의 혈투는 계속되고 있다. 그런데 나는 느긋하게 바라보는 여유를 가졌으니 얼마나 행복한가.

세상 사람들은 모르는 게 한 가지가 있다. 얄팍하고 편리한 술수가 아니고 당장은 이길 것 같은 거짓과 위선이 아니고 역시 최후의 승자는 고운 마음과 바른 양심이고 끈기와 성실이란 것을.

나 이제 늙어 일흔에도 안일한 휴식이나 호의 호식 같은 것 바라지 않는다. 부질없는 욕심이나 탐욕 같은 것 자제하고 절제하며 소박하고 겸손하게 살고 싶을 뿐이다. 언젠가 이별할 그 날까지 고운 마음, 바른 양심으로 열심히 살고 착하게 살면 즐거운 생활 행복한 노후는 저절로 오는 것이다 하면서 바쁜 노인 건강한 노인으로 살고 싶다.

내 나이 일흔에 등단을 했다. 며칠 전 축하한다는 전화를 받고 괜스레 겁이 났다. 새삼 이 나이에 무얼 어떻게 쓸려고 감히 응모를 했나. 앞으로 또 며칠씩 밤잠을 줄여야 할 것 아닌가. 그러나 평생을 짝사랑 소녀를 그리 듯 가슴에 품어온 열정이었으니 조금은 자랑스럽고 대견한 것 아닌가. 40년 동안 지각 아니면 낙제를 했으니 가슴에 쌓인 감회가 남다르다.

책이 좋아 읽다보니 나도 무엇인가 한 번 써보고 싶은 욕심이 생겼다. 배운 것 없고 아는 것 없으니 자연 쓰고 고쳐 쓰고 또 고쳐 쓰는 방법밖에 없었다. 세상 사람들 알아주지 않는데 무슨 고생이냐 하겠지만 그래도 나는 글쓰기가 즐겁다. 내가 즐겨 가려고 했던 길이니 몇 배의 노력과 정성을 쏟아야지.

이제 글을 쓸 수 있는 노트가 주어졌으니 흘려 보낸 세월 만회하 듯 열심히 써야지. 맑은 머리와 밝은 시력 지켜달라고 기도하는 마음으로 몸과 마음 가다듬고 좋은 글 열심히 써야지.

이제 뒷산을 오르거나 남강 산책로를 걸어야 할 시간이다. 지금

쯤 아파트 뒷담 양지녘에 한 뼘 두 뼘 좁혀지며 사그라지는 햇살을 아쉬워하며 노인 몇 명이 모였겠지. 중풍에다 콜록 콜록 해소기침, 백내장에 신경통까지 건강 걱정에다 더러운 세상 아이들 걱정으로 가슴 아픈 인생 한숨으로 달래며 썰렁한 체온 지키려는 듯 쓴 소주잔 돌리고 있겠지.

모두들 꿈이 없다. 노력이 없으니 기쁨이 있을 리 없다. 품위가 없으니 존경이나 예우가 있을 리 없다. 아픔과 절망이 있을 뿐이다. 허무와 회한이 있을 뿐이다.

이제는 글을 끝내고 홀가분히 뒷산을 오르자.

나의 인생은 일흔 살부터. 아직은 바쁘게 살고 있는 사람이고 싶다. 이 순간을 열심히 살고 있는 젊은이고 싶다.

일흔 청춘, 나는 즐거운 데 왜들 아픔과 절망 뿐이라는가.

고희에 들려주는 아버지의 새벽 편지

1판1쇄인쇄 | 2007년 2월 7일
1판1쇄발행 | 2007년 2월 14일

지은이 | 권우용
펴낸이 | 이철순

펴낸곳 | 해조음
등 록 | 2003년 5월 20일 제 4-155호
주 소 | 대구광역시 남구 대명2동 1800-6 불교대구회관 2층
전 화 | 053-624-5586
팩 스 | 053-624-5587
e-mail | bubryun@hanmail.net

ISBN 89-954088-9-8 03040

책값은 뒷표지에 있습니다.
잘못된 책은 바꾸어 드립니다.